냉철한 머리 따뜻한 마음

냉철한 머리 따뜻한 마음

―「經濟騎士道」를 생각하며

邊衡尹

한국학술정보㈜

차 례

Ⅰ. 經濟騎士道

Ⅱ. 한국 경제의 정신풍토

I. 경제기사도

나의 政治放學 4년(1)

나는 9월 1일자로 서울대학교 경제학교수로 복직되었다. 사표가 수리된 것이 1980년 7월 31일자이었으니까 꼭 49개월, 즉 4년 1개월 지나서 제자리로 돌아온 셈이다. 물론 발령일자는 7월 31일이었지만 실지로 내가 해임서를 받은 것은 8월 중순이고 사직원을 제출한 것은 7월 중순이었다.

8월 말까지는 내가 책임자로 되어 있던 행정개혁위원회의 정부기구에 관한 연구 프로젝트의 보고서를 마무리짓느라고 매우 분망했기 때문에 해직되었다는 사실에 대해서 심각하게 생각할 심적·시간적 여유가 거의 없었다. 게다가 완전히 연구실의 짐을 집으로 이사하기까지 사이에는 계속해서 학교에 나갔으므로 그 동안에 있은 총장의 이임식과 취임식에도 참석할 수 있었다. 따라서 어떻게 보면 그 당시에는 마치 현직에 있는 사람인 것 같은 착각에 사로잡히고 있었는지 모른다.

그러나 퇴직금, 공제회비, 전별금 등을 받고 신분증, 의료보험카드 등을 반납하다 보니 점차로 해직자임을 느끼기 시작했다. 그러나 무어니 해도 나로 하여금 해직자라는 사실을 절감할 수 있게 한 사건은 그때까지 고문으로 있던 모 국책은행과 모 보험회사로부터의 사직 통고, 행정개혁위원회 연구보고서의 책임자 명단 교체, 학교 연구실로부터의 철수, 프랑스의 엑상프로방스에서 개최되는 세계계량경제학회의 제4차 세계회의에의 참석 불허 등이었다. 다른 것은 그대로 견딜 수 있었으나 세계회의에의 참석이 허용되지 않았을 때에는 참으로 견디기가 어려웠다. 나는 65년에 이탈리아의 로마에서 개최된 제1차 세계회의에 참석한 것을 비롯해서 70년에 영국의 케임브리지 대학교에서 개최된 제2차 세계회의와 75년에 캐나다의 토론토에서 개최된 제3차 세계회의에도 참석했으며 그때마다 많은 외국 교수들과 친교를 맺을 수 있었을 뿐 아니라 경제학계의 최근과 장래의 동향을 정확하게 파악할 수 있었는데 그것이 불가능해졌다. 또 머리도 식히고 앞으로의 생활계획, 연구계획, 집필계획 등도 세우고 엑상 프로방스가 마르세유에 가까이 있기 때문에 회의 중간에 있는 특별관광 프로그램을 이용해서 남구(南歐) 여행을 하는 기회로 삼고자 했던 나 나름대로의 구상이 좌절되었다.

물론 친척, 친지, 선배, 동료, 제자 등의 방문이 계속되었고 점심식사 저녁식사에의 초대도 계속되었다. 그러나 그러는 가운데에서도 앞으로 집살림을 어떻게 꾸려갈 것인가, 앞으로 어떤 자세로 살아갈 것인가, 앞으로 어떻게 소일할 것인가, 앞으로 무슨 책을 읽으며 무엇을 연구하며 무엇을 쓸 것인가 등에 대해서 나 나름대로의 결론을 얻기 위해서 고심하지 않을 수 없었다.

앞으로 집살림을 꾸려나가는 것과 관련해서는 사표를 제출한 직후에 이미 처와 차녀(次女)에게 종전대로 지속하도록 하겠으니 조금도 동요말라고 당부한 일이 있기는 있었지만 사실은 막연하기 짝이 없었다. 그러나 다행히도 우리집 살림의 규모는 애당초부터 절제해 온 데다가 차녀도 이미 대학을 나와 대학원 조교로 있던 터라 교육비가 별로 들지 않기 때문에 퇴직금의 일부로 직접 매달의 생활비를 충당하고 퇴직금의 나머

지를 가장 이자율이 높은 상호신용금고에 예치함으로써 생기
는 매달의 금리로 보충해 가면 의료비가 크게 들지 않는 한
그런대로 살림은 꾸려갈 수 있을 것 같아 어느 정도 마음의
안정을 되찾을 수 있었다.

矢內原忠雄과 張利郁

원래 우리 집 식구는 처, 장남, 장녀, 차녀 해서 모두 5인이
지만 장남은 군복무중에 있었고 장녀는 출가했기 때문에 집에
는 처와 차녀만 있었던 것이다. 물론 장남은 그 뒤 얼마 안 있
어서 제대를 하여 집식구가 하나 늘었지만 미국유학을 위한
수속을 밟으면서 모 재벌 그룹에 엔지니어로 입사해서 집살림
을 일부 도와줄 수 있었기에 나에게는 큰 힘이 되었다. 그러나
오래 전부터 몸이 나빴던 처의 건강에 대해서는 계속해서 신
경을 쓰지 않을 수 없었던 것이 사실이다. 앞으로 어떤 자세로
살 것인가를 결정하기 위해서 나는 동서양인을 가리지 않고
여러 유명인들의 행적을 알아보기도 했고 또 동서양서를 가리
지 않고 여러 책들을 읽어보기도 했다. 어떤 것은 대충, 어떤
것은 음미하면서 알아보고 또 읽었다. 그러나 그 가운데에서
나에게 가장 많은 감명을 준 사람은 일본의 矢內原忠雄 선생
이었고 나에게 가장 많은 참고가 된 것은 張利郁 저《나의
회고록》(샘터사 발간) 중의 〈일본의 패망〉의 앞부분이었다.
「야나이바라 · 다다오(矢內原忠雄)」선생은 일본의 동경제대
(東京帝大) 교수로 있다가 1937년에 해직된 후 성서연구와
집필로 소일하면서 꼿꼿한 자세로 살아오다가 1945년 일본이
제2차 세계대전에 패망하자 복직해서 동경대의 교양학부장과

총장을 지낸 일본의 최고 지성인의 한 사람이다. 해직되어서
복직되기까지의 8년간의 그의 생활자세는 정말 본받을 만한
것이었다.

한편 장선생의 회고록에 의하면 그는 일제시대에 평안북도의
선천(宣川)에 있는 미션 스쿨인 신성학교(信聖學校)의 교장으
로 있다가 1937년에 흥사단사건으로 검거되어 서울의 모 경찰
서 유치장에서 교장직 사직서를 씀으로써 해직되었고 1938년에
석방되었다고 하는데 그의 회고록의 앞부분에는 다음과 같은
구절이 있다. 『신성학교 앞 벽에도 「무운장구」 「내선일체」 등
의 구호가 적힌 커다란 현수막이 드리워져 있었다.

내가 1년여 만에 돌아온 것은 바로 이런 상황 속이었다.
그렇기 때문에 나를 죄인처럼 보거나 위험한 인물로 본다고
해서 누구를 나무랄 수는 없었다. 인간사회란 언제나 그랬던
게 아닌가 하는 생각으로 나는 아무런 불평 없이 외로운 나
날을 보냈다.

그냥 알고 지내던 사람들은 말할 것도 없고 종교계나 교육
계에서 여러 해 동안 더불어 친하게 지내던 사람들 중에서도
남이 보는 자리에서 나를 만나기를 꺼리는 사람이 많았다.

그 즈음 평북교노회가 선천에서 열리고 있었다. 평북교노회
라면 내가 신성에 있었던 10년을 통해서 매년 두 번씩 거의
빠짐없이 찾아다니곤 했던 모임이었다. 모두들 다 잘 아는 목
사와 장로들이었지만 대낮에 나를 찾아와 잠시라도 얘기를
나눈 사람은 한 사람뿐이었다.』

그러기에 나는 어떠한 어려움이 있더라도 꿋꿋한 자세로 살
아가기로 결심을 했으며 또 평소 가깝다거나 혜택이나 도움을
주었다고 생각하는 사람들이 전혀 연락을 주지 않더라도 조금

도 섭섭하게 여기지 않기로 작정을 했다. 마음의 평정이 찾아
졌음은 말할 나위도 없었다.

발송인 없이 날아온 원고지

앞으로 어떻게 소일할 것인가를 결정하는 데 있어서는 내가
잘 아는, 사업에 실패하여 홧병에 앓아 누운 사람이 겪은 일과
발송인의 이름을 밝히지 않고 보내온 원고지 한 권이 절대적
인 역할을 했다. 그 사람이 겪은 일을 생각하니 무어니 해도
건강해야 하며 또 건강을 계속해서 유지해야겠다는 굳은 마음
이 생겼다. 그것은 나 개인을 위해서도 집식구를 위해서도 또
나를 아끼는 분들이나 사람들을 위해서도 필요하다는 절박한
생각이 들었던 것이다. 의료보험의 혜택을 받을 수 없게 되었
으니 더욱이 그러했다. 그런데 때마침 등산을 하자느니 낚시
를 하자느니 하는 주위의 좋은 친구들이 생겼다. 그래서 등산
도 하고 낚시도 하기로 했으나 우선 등산쪽을 택했다. 그것은
가장 마음에 드는 산우회(山友會)가 있었기 때문이다. 이름은
거시기니산우회였다. 회원 가운데에 평소부터 친밀한 박(朴)
교수가 있었고 대장은 이(李)변호사, 회원들 한 사람 한 사람
이 참으로 좋은, 그리고 이 사회에서는 보기 드문 양심파들이
었다. 일요일마다 그 산우회원들과 함께 서울근교의 산을 등
산했다. 땀을 흘리면서 산을 오르니 신체적으로 충분한 운동
이 되고 마음속에 있는 것을 모두 털어놓으니 스트레스가 해
소되고 점심밥에 반주를 곁들이니 만복감과 기분 좋음이 느껴
지고 산을 내려와서는 생맥주를 드니 갈증이 해소되고 하여
매 일요일 하루의 생활은 나의 심신을 건강하게 만들어갔다.

한편 친구들과 어울려서 안성(安城)의 고삼저수지로 낚시를
가기도 했다. 그러나 낚시는 별로 운동이 안 되는 것 같은 생
각이 들어서 중단하기로 했다.

원래가 교수생활을 해왔으니 글을 쓰는 일에는 익숙한 편
이지만 발송인을 모르는 원고지를 받아보니 그것이 곧 계속해
서 원고를 쓰라는 무언의 충고로 받아들여졌으며 따라서 새삼
열심히 글을 쓰기로 굳게 결심을 했다. 원고료 수입은 집살림
에 보탬이 되는 것이기도 하니 더욱이 결심을 굳게 했을는지
도 모른다.

앞으로 무슨 책을 읽으며, 무엇을 연구하며, 무엇을 쓸 것
인가를 결정하는 데 있어서는 해직되기 전부터 영국의 경제학
자인 알프레드·마샬의 경제학연구라는 책을 쓰기로 계획하
고 있었으므로 그것을 그대로 살리기로 했다. 다시 말하면 마
샬의 주저(主著)들을 읽으며 그의 경제학을 연구하며 그 연구
결과를 담을 책원고를 쓰기로 했다.

이렇게 하다보니 일단은 매일매일의 생활에서 무료함을 느
끼기 않게 되었다. 아니, 도리어 그 새로운 생활에서 새로운
의의를 찾게 되었다. 게다가 뜻하지 않은 사람들로부터의 원
조, 격려, 기대 등에 희망과 용기를 얻게 된 것도 사실이다.
나는 그 가운데서 지금도 모(某)상사의 신회장을 잊을 수 없
다. 그 어려울 때에 뜻밖에도 앞으로 복직할 때까지 기본 식
비대를 매달 보조하는 외에 의료보험의 혜택도 받을 수 있게
하는 특별 배려를 해주면서 용기를 북돋워주고 격려를 해주었
기 때문이다.

그러는 가운데에서 이제까지의 연구실을 따로 갖고 행하던
생활과는 달리 집을 연구실로 하는 생활은 점차 정착해 갔다.

그리고 이제는 마음의 여유도 어느 정도 생겨서 등산을 위한 원행(遠行)도 생각할 수 있게 되었다.

雨中에 강행한 지리산 등반

맨처음에 등산을 위해서 행한 원행은 9월 중순에 있은 박교수와 동행한 지리산(智異山)의 노고단(老姑壇)행이었다. 2박 3일의 등산여행이었다. 우선 남원(南原)을 거쳐서 구례(求禮)로 가서 화엄사(華嚴寺) 입구에서부터 오르기로 했는데 때마침 우중이었다. 그리고 출발시간이 이럭저럭 오후 4시경이었다. 따라서 만일을 위해서 포터를 사기로 했다. 서울서는 3인이 내려왔지만 일행은 4인이 된 셈이다. 처음으로 겪는 높은 산(1,500m를 약간 넘는다)의 등산인데 다 우중 등산이었기 때문에 정상의 산장에 오른 것은 저녁 8시를 좀 넘어서였다. 참으로 고생을 많이 했다. 특히 플래시 라이트 없이 캄캄한 가운데에 그것도 우중에 강행된 막바지 등산길은 견디기 어려웠다. 눈은 나빠서 앞이 잘 안보이지, 비와 땀을 자주 닦아야 하는데 안경마저 빗물로 가려지니 그것도 닦아야지, 그러나 그러는 가운데에서도 앞서는 일행에 뒤지지 않으려고 발버둥쳐야 했으니 지금 생각해도 몸서리가 날 정도이다. 특히 앞이 잘 안보여서 고통스러웠는데 다행히도 박교수가 마침 황색의 등산화를 신고 있어서 그것을 안내등으로 삼을 수 있었다. 고생 고생해서 정상의 산장에 다다르니 이미 비를 피해 온 많은 등산객들로 그 안이 꽉 메워져 있었다. 그러나 산장 관리자 앞으로 보내지는 소개장을 갖고 갔기 때문에 그의 특별배려로 저녁식사 준비와 잠자리를 해결할 수 있어서 별 어려움 없이 하룻밤을 지낼 수 있었다.

다음날에도 비가 계속되었기 때문에 예정 등산코스를 바꾸어서 천은사(泉隱寺)가 있는 쪽으로 하산했다. 그 절에 도착했을 때쯤에는 비도 그쳤다. 그러나 일단 그 절 근처의 여관에서 하루를 지내기로 했다. 가까운 고을에 《매천야록》(梅泉野錄)으로 유명한 매천 황현(黃玹) 선생의 사당이 있었기 때문이다. 다음날 아침 일찍이 그 사당을 찾았다. 그리고 그 고을의, 선생의 시를 새긴 비석이 세워져 있는 국민학교도 찾았다. 그 시는 참으로 인상적이었다.

秋燈掩卷 懷千古 難作人間 識者人

바로 이것이 일본에게 우리나라가 망한 것을 보고 목숨을 끊기 전에 읊은 그의 절명시(絕命詩)이다. 풀이하면, 「가을 등불 아래서 책을 덮고 옛 고사를 회상하니 지식인 노릇하기란 참으로 어렵구나」가 된다. 이 얼마나 난세에 처한 지식인의 고민을 잘 표현해 주고 있는 것인가. 나는 감탄을 금치 못했다. 그리하여 자연히 과연 나의 경우는 어떠한가라는 자문(自問)이 나왔던 것이다.

두 번째의 등산을 위한 원행은 11월 하순에 있은 1박 2일 예정의 치악산(雉岳山)행이었다. 이번에는 거시기니산우회 회원들과 어울렸다. 원주를 거쳐서 치악산 입구까지 가서 거기서 1박하고 다음날 일찍 등산을 시작했다. 높이는 1,200m에 지나지 않지만 코스는 험난한 편이었다. 그리고 하산하는 길은 몹시 지루했다. 특히 하산해서 원주행 버스를 타기까지의 길은 피곤을 독촉하는, 또 신경질나게 하는 자갈길이었던 것으로 기억된다. 후에 안 사실이지만 이 치악산은 등산인이면 누구나 일단은 거쳐야 하는 기본 코스였다. 이번에도 고생이 막심했음은 두말을 필요로 하지 않는다. 역시 건강유지라는 집념으로 그것을 극복할 수 있었다.

더욱 많아진 來訪客

두 번의 원행등산을 통해서 나는 두 가지 큰 소득을 얻을 수 있었다. 하나는 건강에 대한 자신이었고 다른 하나는 생활에 있어서의 생동감의 회복이었다. 원행을 전후해서는 딴 것을 생각할 시간적 여유가 없을 뿐 아니라 시간이 빨리 지나는 것 같아서 지루함이나 잡념이나 고독감 등을 느낄 겨를이 없었기 때문이다.

이렇게 원행도 하면서 작정한 대로 소일을 하고 또 사람들을 만나고 하는 가운데에, 그리고 망년회에 참석을 하고 하는 가운데에 이미 추석(秋夕)도 지났고 크리스마스도 지났고 드디어 81년의 신정(新正)을 맞이하게 되었다. 자연히 지난 5개월간의 결산을 해 보지 않을 수 없었다. 주로 허둥대지 않았나, 몰골 없는 행동을 하지 않았나 등을 초점으로 삼았다. 결과적으로는 그런대로 바삐 지낸 편이고 고독감을 별로 느끼지 않는 가운데에 소일한 편이기는 했지만 허둥댄 면이나 여유 있는 태도를 보이는 면 등에서는 반성할 점이 많았다는 결론을 얻었다.

한 해를 맞이하면서 나나 처에게 몹시 마음에 걸리는 것이 있었다. 장인 장모가 모두 80을 훨씬 넘은 분이라서 쇼크를 받을 가능성이 많기에 시일이 상당히 흐른 뒤에 알리기로 하고 해직된 사실을 고의적으로 알리지 않은 일이 그것이다.

잘한 것인지 잘못한 것인지 그때에는 분간하기가 매우 어려웠다.

신정을 지나면서 교수로 있던 것이 얼마나 좋은가를 실감할 수 있었다. 추석 때도 그랬지만 이번에도 예년과 변함 없이 내방객이 있었고 도리어 더 많았기 때문이다. 처로서는 해직되었으니 내방객이 별로 없을 것이라고 생각했던 모양이다. 놀라는 눈치였다. 친제(親弟)들도, 절친한 고향 친우들도 마찬가지인 것 같았다.

새해에도 이제까지의 생활을 계속하기로 했다. 그런데 작년 말부터의 일이지만 새해 들어와서는 꽤 구체적으로 일부 해직교수의 복직소식이 들려와서 나의 마음에 동요와 번뇌를 일으켜서 그것을 진정시키느라고 남모르는 고심을 했다. 마침 대학입시가 멀지 않은 때였고 또 새학기가 멀지 않은 때였기에 대학에 대한 강렬한 향수가 되살아나 더욱더 그 동요를 채찍질하고 있었다. 그러나 그럴수록 표면에 노출시키지 않기 위해서 마샬의 주저(主著)들을 읽으며 정리해서 원고지에 옮기는 일에 더욱더 열중해 갔다. 조작된 것이었는지 혹은 추진하다 실패한 것인지 잘 모르지만 결국 그 소문은 헛것이 되어버렸다. 그러니 일단 동요와 번뇌가 가라앉을 수밖에 없었다. 그러나 사람은 살게 마련인지 예기치 않은 희소식이 그것을 가라앉히는 데 크게 기여했다. 뜻밖에도 학술원은 나를 정회원(正會員)의 제1순위 후보자로 추천해 주었고, 또 중앙노동위원회는 나를 그 공익위원(公益委員)으로 추천해 주었던 것이다. 결과적으로는 두 가지 다 안 되었지만 나의 동요와 번뇌를 진정시키는 역할을 한 것만은 틀림없었다.

봄이 되어 꽃이 피고 산이 푸르러져 갈 때 산우회와는 별도로 제주의 한라산(漢拏山) 등산을 할 수 있었다. 나의 작은 아우가 KBS의 제주방송국장으로 있었기 때문이다. 5월 초라고 기억된다. 나의 큰 아우도 동행했다. 우리나라에서 가장 높은 산(1,950m)을 3형제가 함께 오른 셈이다. 이번에는 별로 힘들지 않았다. 그 동안 일요일마다 등산해 온 데다가 두 차례의 원행을 했으니 그럴 수밖에. 그러나 1,000m 높이의 지점에서 등산하기 시작했고 초보자도 별로 힘들지 않고 갈 수 있는 길을 택했고 또 짐이 가벼웠고 한 것도 사실이다. 정상과 백록담(白鹿潭)에서 느낀 희열은 지금도 잊을 수 없다.

그런데 그것보다 더 즐거웠던 일은 4남매가 우연히도 한자리에 모일 수 있었던 점이다. 나에게는 두 누님과 두 누이동생, 두 아우가 있는데 남북분단으로 한국에는 누님 한 분과 두 아우, 나 이렇게 해서 넷만이 살고 있다. 그러니까 모일 수 있는 사람 모두가 서울이 아닌 제주에서 모였던 셈이다. 진정 일생 잊을 수 없는 좋은 추억을 가질 수 있었던 기회였다. 나만은 애당초부터 1주일 예정으로 갔었으므로 그들과 곧 헤어져서 아우와 함께 있으면서 제주의 가볼 만한 곳은 두루 찾았다. 이미 몇 차례 왔었으나 새로운 감회를 느낄 수 있었다.

(1984. 9. 20. 《이코노미스트》)

나의 政治放學 4년(2)

　제주(濟州)의 왕복은 어쩔 수 없이 비행기를 이용했다. 그러다 보니 탑승할 때마다 기록을 필요로 하는데 그때 가장 망설여졌던 일은 직업란에 무어라고 적느냐였다. 무직으로 적으면 그만이지만 장차 직업을 무엇으로 표시할 것인가에 대해서 몇 사람들과 이야기를 나누는 가운데서 자유업으로 하는 것이 좋겠다는 생각을 한 바 있었기에 그 생각을 살려 자유업으로 적어 넣었다. 그 이후부터는 직업은 항상 자유업으로 했다.

鶴을 學으로 바꿔 「學峴」

　제주에서 돌아온 지 얼마 안 되어서 같이 서울대에서 해직된 김교수댁에서 막걸리 파티가 열렸다. 평택(平澤)에 농장을 갖고 있으므로 좋은 막걸리를 담아 가지고 아는 사람들끼리 한자리에 모여 회식이나 하는 것이 좋지 않겠느냐는 생각에서 가볍게 던진 말이 의외의 효과를 발휘한 셈이다. 자연히 타대학 해직교수 몇 사람도 어울렸다. 그런데 그 파티가 나에게는 호(號)를 짓는 모임이 되어 버렸다. 옛날에는 호를 그런 식으로 지었다고 한다. 참석했던 해직교수들 가운데에는 이미 호를 가지고 있는 사람이 있었던 것이 계기가 되었는지도 모른다. 어떻든 호를 짓는 이야기가 나와서 그렇지 않아도 앞으로 호를 짓는다면 무엇으로 할 것인가 하고 생각해 본 일이 있으므로 그 기억을 되살려서 나와 관련 있는 향리명(鄕里名) 내지 지명을 몇 가지 들면서 그 가운데서 특히 학현(鶴峴)이 어떻겠느냐고 물었더니 한문에 능한 사학자인 성균관대의 이교수가 퇴계(退溪)라는 호도 그의 향리가 토계(土溪)인 데서 지어진 것이라면서 동일한「ㅎ」자 발음이면 되니 鶴을 學으로 바꾸는 것이 좋겠다고 했고 참석한 사람들도 그것에 동조하는 바람에 그대로 받아들여「學峴」으로 하기로 했다. 鶴峴은 나의 향리도 나의 가친의 향리도 아니다. 한말(韓末)의 의병대장인 의암(毅庵) 유인석(柳麟錫)의 《毅庵集》에 나오는 나의 고조부에 관한 글 가운데에 나오는 동리의 이름이다. 어찌해서 나의 고조부에 관한 글이 그 책에 실렸는지는 잘 모르나 나의 조부가 의암 휘하의 의병 간부였는 데 기인하지 않았는가 생각된다. 鶴峴으로 하고자 한 것은 어찌 보면 뿌리를 찾으려는 욕심의 표현이었는지도 모르겠다. 이렇게 해서 지어진 호는 이 해 12월에 발간된 나의 편저인 《반주류의 경제학》(청람문화사 발행)의 서문 끝에서 처음으로 공표되었다. 연구실 대신에「學峴軒에서」로 했기 때문이다.

한편 한국신학연구소에서는 계간지인 《신학사상》의 편집계획을 짜는 기획위원회의 멤버로 나를 넣어 주었고 또 다른 기독교계의 연구소인 한국기독교사회문제연구원에서도 나를 출판자문위원으로 위촉해 주었다. 이 모두는 소외감에 빠질는지도 모른다는 생각에서 정기적으로 모임에 참석할 수 있도록 함으로써 그 소외감을 사전에 막아 주려는 깊은 배려에서였다고 한다. 사실 정기적으로 모임에 참석해 보니 많은 위로를 받을 수 있었다. 그런가 하면 뜻밖에도 서울대 행정대학원의 정책발전 연구과정의 특강은 그대로 계속할 수 있었다. 원래는 빠졌던 모양인데 어떻게 되었는지 되살아났다고 한다. 나는 그 과정이 개설될 때부터 시작해서 그후 계속해서 특강을 맡아 왔었다. 특강의 제목은 〈시장경제와 계획경제〉이었다. 수강자는 정부의 국장급 이상, 국영기업체의 이사 이상, 군의 장성급 등이었다. 그 특강은 과정이 6개월에 한 번씩 모집되는 관계로 6개월마다 있게 되어 있는데 나는 그 이후에도 계속해서 강의를 맡아 왔다.

6월 초순이라고 기억되지만 2박 3일의 지리산 등산을 위한 원행이 있었다. 두 번째의 지리산행인 셈이다. 서울에서 내려간 산우회 멤버와 구례에서 합세한 광주(光州)의 전남대(全南大) 해직교수 일부가 어울린 등산이었다.

건강에 자신 얻은 智異山 등반

등산은 전남대 학생 산악반의 지도교수였던 李교수의 리드하에 진행되었다. 지나고 보니 택해진 코스는 여러 코스 가운데에서 비교적 난코스에 속하는 것임을 알 수 있었다. 대성계곡을 따라 올라가서 세석평전에서 1박하고 다음날 아침 6시에 출발하여 정상인 천황봉(天皇峰)(1,915m)에 올랐고 칠성계곡을 따라 하산했다. 물론 점심은 칠성계곡으로 내려가는 입구에서 들었다. 참으로 하산길은 힘들었다. 그 계곡길이 험하고 긴 데에 주원인이 있었지만 세석평전에서 많은 술을 마신 데다가 수면시간이 불과 4시간 정도에 지나지 않아서 잠이 모자랐고 또 세석평전까지의 등산으로 인한 피로로 상당히 지친 상태에 있었는 데 기인했다. 정녕 견디기 어려웠다. 그러나 그때마다 다른 사람들한테 폐가 되어서도 또 몰골 없고 약한 모습을 드러내어서도 안 되겠다는 강한 마음, 이러지도 저러지도 못하는 궁지에 빠졌을 때 사람이면 누구나 발휘하게 되어 있는 오기, 의지할 것은 내 몸 하나뿐이라는 절박감, 젊은 사람들의 보살핌 등으로 용하게 극복할 수 있었다. 치악산의 하산길과는 비교도 안 되는 하산길을 내려와서 목표로 했던 동리에 다다른 것은 저녁 8시경이었다. 우선 그곳에서 저녁을 해 먹고 다시 마천 쪽으로 떠났다. 비교적 가까운 거리이어서 10시경에 도착했다. 다음날 남원을 거쳐서 서울로 돌아왔다. 이번에는 피로 회복에 며칠이 걸렸다. 그러나 처음으로 산다운 산을 보았다는 쾌감, 건강에 대한 자신감 회복 등 수확이 많았다고 할 수 있다. 폭이 넓고 중후하고 웅장한 맛은 한라산이 문제가 되지 않았다. 두 번째의 지리산 등산을 하고 나서 건강에 대해서 완전히 자신을 가질 수 있게 된 것은 틀림없었다.

그러는 동안에 장남의 미국유학이 확정되었다. 집에서 제대로 뒷받침해 줄 수 없는 탓으로 소위 일류의 명문대학교는 아예 포기하고 기계공학과로서는 그런 대로 괜찮다고 하는 주립대학교 중에서 아이오와 대학교 대학원을 택하기로 했다고 한다. 부모로서는 안쓰러운 생각이 들었지만 어쩔 수 없었다.

출국은 여러 가지 사정을 감안하여 8월 초에 하기로 정해졌다. 막상 출국예정일이 정해지다 보니 나로서는 무엇보다도 우선해서 양친의 초상화를 만들지 않을 수 없었다. 장남은 장손이기에 조부모의 초상화를 배경으로 찍은 사진이나마 가져가는 것이 필요할 것이라는 생각에서였다. 양친께서는 끝내 월남을 하지 못했으니 장남은 그 동안 힘들게 수소문해서 찾아낸 남이 갖고 있는 사진, 그것도 여러 사람들과 어울려서 찍은 색바랜 사진에서 다시 찍은 독사진들을 통해서만 조부모를 보아

왔던 것이다. 말하자면 남북분단의 비극을 체험해 왔다고 할 수 있다. 그러니 나로서는 차마 그 사진들을 배경으로 찍은 사진을 가져가게 할 수는 없었다. 그리하여 궁리해낸 것이 양친의 초상화를 만드는 일이었다. 다행히도 산우회 멤버에 김화백이 있었다. 따라서 그를 통해 초상화를 잘 그리는 다른 화백을 소개받아 양친의 초상화를 만들 수 있었다. 그렇게 해서 만들어진 양친의 초상화는 나를 흡족하게 만족시켰다. 그것은 사실 마치 생존하는 양친을 직접 뵙는 것 같은 착각에 빠지게 했다고 할 수 있다. 양친을 배경으로 찍은 장남의 사진과 장남과 함께 찍은 우리 내외의 사진을 보는 순간 나는 양친을 위해서 해야할 일을 조금이나마 한 것 같은 일종의 형용하기 어려운 감정에 사로잡히는 것을 느낄 수 있었다.

드디어 출국하는 날이 왔다. 출국인사를 받고 보니 심정이 착잡했다. 부모로서는 외아들이고 하니 결혼이나 하고 같이 살아 주었으면 하는 생각이 간절했으나 그의 장래를 위해서 유학시키기로 결정했을 뿐이기 때문이다. 그리고 막상 비행기를 타러 출입구를 나갈 때에는 혼자 가서 고생하리라는 생각, 그동안 뒷받침을 제대로 해주지 못한 데 대한 부모로서의 안타까운 심정 등으로 눈물을 쏟을 뻔했다.

유학 보내는 부모의 심정

하루속히 벗어나려고 또 표면에 노출시키지 않으려고 노력은 했지만 장남을 떠나 보내면서 생긴 심란한 마음은 비교적 오래 지속되는 것 같았다. 게다가 해직된 지 벌써 1년이 되었으니 그럴 수밖에. 말은 안 해도 처도 마찬가지 상태에 있는 것 같았다.

그런데 다행히도 8월 중순에 2박 3일의 설악산(雪嶽山) 등산을 위한 원행이 있었다. 이 원행은 순전히 나를 위로하기 위한 것이었다. 심란한 마음을 가라앉힐 수 있는 좋은 기회가 될 것 같아서 선뜻 따라 나섰다. 코스는 외설악(外雪嶽)에서 내설악(內雪嶽)으로 가는, 말하자면 정통적인 것이라고 할 수 있는 코스이었다. 백담사에서 봉정암을 거쳐서 정상인 대청봉(大靑峰)(1,708m)으로 올라가서 쌍폭 천불동계곡을 거쳐서 설악동으로 내려오는 코스 말이다. 이번에도 산우회 멤버와의 동행이었다. 그러나 이번에는 리더가 워낙 내가 초행자라는 것을 강하게 의식하고 안내를 해주다 보니, 또 건강과 등산에 자신이 서 있다 보니 별로 어려움이나 힘든 것을 느끼지 않았다. 금강산(金剛山)에 비길 만한 산답게 그 절경은 경탄을 금할 수가 없었다. 가을의 단풍을 보는 광경은 일대 장관이라고는 하지만 어떻든 그 풍경은 놀랄 만한 것임에 틀림없었다. 이렇게 보면 나는 가장 높은 한라산을 먼저 오르고 그 다음에 두 번째로 높은 지리산을 오르고 세 번째로 높은 설악산을 오르는 특이한 등산을 했다고 할 수 있다. 말하자면 하늘에서 점차로 아래로 내려오는 등산, 즉 정상적인 등산과는 반대방향의 등산을 한 셈이다.

그러나 이 원행을 끝내고 보니 다시 앞으로 1년간의 생활설계를 짜야 할 때가 되었음을 알게 되었다. 작년 8월에 1년 단위로 생활설계를 하기로 작정했기 때문이다. 지난 1년을 돌이켜볼 때 최저한의 생활을 위한 대비를 했었다고는 하나 원고료 수입, 특강 수입, 인세 수입 등이 별로 없는 가운데에서 용케도 별탈 없이 생활을 꾸려갔다는 결론을 얻을 수 있었다.

그 동안 예기치 않은 친우, 동료교수, 졸업생 등의 도움이 있은 것도 크게 보탬이 되었다. 지난 1년은 그랬다 치더라도 앞으로 1년의 생활은 어떻게 꾸려갈 것인지 걱정이 안 될 수가 없었다. 그러나 딴 곳으로의 취업길이 막혔던 해직 공직자들에게 취업할 기회가 허용되기 시작했고 보험원의 강권에 못 이겨 들었던 200만 원과 300만 원의 보험금을 10월과 12월에 탈 수 있었고 또 뜻밖에도 그 어려운 때에 청람문화사에서 경제학 책을 내겠다는 제의가 있었고 해서 가족이 큰 병을 앓는 일이 없기만 하다면 앞으로 1년의 생활도 이럭저럭 꾸려갈 수 있을 것 같은 생각이 들었다. 게다가 처음 당했을 때에는 죽을 것 같은 생각에 불안해한 것이 사실이지만 1년 지내는 동안에 산 사람은 어떻게든 살아갈 수 있다는 사실을 터득했던 것이다. 다시 말하면 지난 1년의 생활을 통해서 일종의 자신감 같은 것이 생겼다고 할 수 있다. 이 점이 어떻게 보면 앞으로 1년의 생활에 대한 불안감을 제거하는 데 보다 큰 역할을 했을는지도 모른다. 사람은 묘한 동물이라는 것을 새삼 깨달았다.

反主流의 經濟學

마샬의 경제학 연구는 일단 제쳐놓고 청람문화사에서 내기로 되어 있는 책에 전력을 투구하기로 했다. 연내에 낼 수 있게 하기 위해서였다. 책을 내는 데 있어서도 경제학 전공보다는 비전공자에게 경제학의 내용과 흐름을 제대로 알리는 내용의 것으로 했으면 하는 출판사측의 의사를 살리기로 했다. 결국 그것은 전공자에게도 큰 도움이 될 수 있을 뿐 아니라 학교 밖에 나와 있는 나로서 학교 안에 남아 있는 경제학 교수들 나아가서 경제학계에 도움이 되는 일은 경제학 인구의 저변확대에 보탬이 되는 것이라는 생각에서였다.

나는 항상 대학생에게는 어느 한쪽에 치우친 공부를 지양(止揚)할 것과 예리한 판단력을 기를 것을 강조해 왔다. 또 대학생활에서는 기초 내지 원리적인 것을 배우는 데 진력해야 한다는 것도 강조해 왔다. 이것은 기본적인 책을 고루고루 읽는 또 예리한 판단력을 갖고 있는 그리고 기초 내지 원리적인 것으로 무장한 사람들이 한 나라의 지도자가 되어야 한다는 소신을 내가 갖고 있었던 데 기인한다. 예리한 판단력을 갖고 있는 사람이라면 기본적인 책을 고루고루 읽고 배우고 하는 가운데서 자기 나름의 판단력에 따라서 취사선택할 수 있을 것이며 그렇게 할 때 비로소 그 얻어진 생각이나 결론이 흔들리는 일이 없을 것이 아니겠는가. 나는 이런 소신 내지 생각을 책에 충분히 살려보려고 애썼다.

드디어 12월에 발간되었다. 책 제목은 여러 가지 궁리 끝에 《반주류의 경제학》으로 하기로 했다. 이 책은 소위 주류(主流)경제학에 비판적인 입장에 서는 사람들의 생각을 담은 글들로 구성되어 있다. 대부분은 직접 번역한 것이지만 국내학자가 쓴 것을 원용한 것도 있다. 이에서 알 수 있듯이 이 책은 주류경제학에 관한 책들을 보완해 주는 것이라고 할 수 있다. 우리나라 대학에서 가르치고 있는 경제학은 대부분이 주류경제학, 즉 주로 「P. A. 새뮤얼슨」, 「M. 프리드먼」을 대표자로 하는 경제학이므로 주류경제학에 관한 책은 많은 데 비해서 그것에 비판적인 입장에 서는 사람들의 경제학, 즉 반주류 내지 비주류경제학에 관한 책은 드문 것이 사실이라고 한다면 경제학을 고루고루 알고 각자가 판단할 수 있도록 하기 위해서는 이 책과 같은 것이 필요하다고 할 수 있지 않을까.

이 책의 교정을 보고 있을 때에 뜻밖에도 한국경제신문사로부터 새해 첫날판에 실릴 원고의 부탁이 있었다. 그 동안 일부 대학신문을 제외하고는 종합잡지는 말할 것도 없고 일간신문에 글이 실린다는 것은 생각할 수 없는 일이었다. 후에 안 일이지만 그 부탁은 전적으로 이(李)사장의 나에 대한 특별배려에서 나온 것이었다고 한다. 요청받은 글 내용은 마침 새해부터 제5차 5개년계획이 시작되는 관계로 그것의 기본전략에 관한 것이었고 원고매수는 35매였다.

뒷바라지와 기쁨

책을 내느라고 또 뜻하지 않은 신문 원고를 쓰느라고 바삐 지내는 가운데에 어언 추석도, 학부졸업 예정자 사은회도, 또 크리스마스도 지나갔고 1982년의 신정이 다가왔다. 졸업예정자 사은회는 대체로 12월 중순에 있는 것이 상례인데 작년에도 그랬지만 이번에도 참석을 했다. 작년 졸업예정자는 대부분 3학년 2학기와 4학년 1학기에 나한테 직접 배운 학생들이었다. 그에 반해서 이번 졸업예정자는 엄밀히 따지면 나한테 직접 배운 학생들은 없다고 할 수 있다. 그런데도 불구하고 그들은 나를 초대해 주었던 것이다. 이러한 일이 나의 사기를 북돋아준 것은 재언의 여지가 없다. 추석 때나 신정 때나 보통 생각이나 예상과는 달리 작년보다도 도리어 더 많은 사람들이 찾아 주었다. 위로와 사기 앙양을 위해서였다고 생각된다. 나도 대단히 기분이 좋았지만 처도 뒷바라지에 피곤해하면서도 마찬가지인 것 같았다. 교수부인으로서의 쾌감을 느꼈다고나 할까.

　새해 들어와서부터는 집을 연구실로 하는 생활을 청산하고 연구소를 차리는 것이 어떻겠느냐는 말이 나를 아끼는, 사업을 하는 졸업생들 가운데서 점차 나오기 시작했다. 1년 반 가까이 지났고 앞으로 복직까지 얼마의 시일이 걸릴는지 알 길 없으니 차라리 차제에 본격적으로 연구소를 운영해 보는 것이 좋지 않겠는가라는 소박한 생각에서 나온 것 같았다. 물론 전적으로 후원하겠다는 약속도 있었다.

　사실은 시내에서의 한 약속 시간과 다른 약속 시간 사이에 대기할 적당한 곳이 없어서 또 외국손님이 와도 맞이할 적당한 곳이 없어서 불편을 느껴오고 있던 터인 데다가 어딘지 모르게 일의 능률이 떨어지는 것 같은 생각이 들어서 좀 걱정하고 있던 터이기도 했다. 그러나 일단은 좀더 관망하면서 결정을 내리기로 했다.

　2월 초순에 새해에 들어서 첫 원행을 했다. 간 곳은 오대산(五臺山)이었다. 이번에도 산우회 멤버들과 동행했지만 당일치기였다. 마침 12인승차를 이용할 수 있었기 때문이다. 그동안 겨울에도 눈속을 헤치면서 북한산 등산을 계속했다고는 해도 첫 겨울 원행이어서인지 걱정이 되었다. 아침 7시에 서울을 떠나 월정사를 거쳐서 상원사에 도착한 후 눈에 빠지면서 정상(1,430m)으로 등산했다. 점심은 정상으로 등산하는 도중에 있는 적멸보궁(寂滅寶宮) 앞터에서 들었다. 눈 위에서 해 먹는 점심밥은 특히 맛이 있었다. 정상에 오른 뒤 잠시 쉬었다가 등산한 코스와는 다른 코스를 택해서 역시 눈에 빠지면서 하산했다. 정상에서 본 설경은 가히 장관이었다. 상원사로 돌

아온 것은 아직도 해가 있을 때였다. 그리고 서울에 돌아온 것
은 밤 늦게였다. 그런데도 이렇게 당일치기 원행을 했음에도
불구하고 나는 별로 피로를 느끼지 않았다. 그러기에 나는 더
욱더 건강에 자신을 갖게 되었다. 이제는 추울 때나 더울 때나
를 가리지 않고 또 눈이 안 덮였을 때나 덮였을 때나를 가리
지 않고 어떤 산이라도 등산할 수 있다는 자신이 생겼다. 큰
수확이라고 아니 할 수 없었다.

광화문 「學峴연구실」 개설

새학기에 들어서면서부터 잠시 뒤로 미루었던 연구소 개설
문제에 대해서 어떤 결정을 내리기로 했다. 앞에서 든 이유도
있었지만 아무래도 지구전을 펴나가는 것이 좋겠다는 생각에
서였다. 제아무리 생각해도 영 자신이 서지 않기에 연구소를
개설하는 대신에 연구실을 개설하기로 했다. 대체로 4월 초의
일인 줄 안다. 다행히도 연구소 개설을 권하던, 사업을 하는
졸업생들도 동조를 했다. 그리하여 연구실 개설일자를 일단 5
월 1일로 하고 준비에 들어갔던 것이다.

준비에 있어서도 특히 알찬 경영을 하는 것으로 잘 알려져
있는 H물산의 이(李)사장의 도움이 컸다. 연구실로 쓸 방을
얻는 것이 급선무였는데 그에 필요한 돈의 전액을 도와주었
기 때문이다. 그 돈을 내어주면서 그가 내세운 조건 아닌 조
건은 두 가지였다. 교통이 편리한 곳이어야 하고 누추한 건물
이어서도 누추한 방이어서도 안 된다는 것이었다. 분명히 이
두 가지 모두는 나의 체면 유지를 위한 충정에서 나온 것이
었다. 고맙기 그지없었다. 그런 조건을 충족시켜 보려고 하는

가운데에서 정해진 방이 바로 현재의 광화문에 있는 나의 연구실이다.

(1984. 10. 5. 《이코노미스트》)

가운데에서 정해진 방이 바로 현재의 광화문에 있는 나의 연구실이다.

나의 政治放學 4년(3)

연구실을 정했으니 연구실 명칭을 정하고 전화에서부터 각종 집기를 마련하는 일이 다음에 할 일이었다. 연구실 명칭은 이제까지 쓰던 대학연구실 기분을 내기 위해서 내 이름을 그대로 사용하되 호로 대신하기로 했다. 학현(學峴)연구실은 이렇게 해서 붙여진 명칭이다. 그리고 언제라도 필요할 때에는 연구소로 탈바꿈할 수 있도록 하겠다는 것이 나의 내심이었으므로 복사기와 중형계산기를 제외하고서는 일단 갖출 필요가 있다고 생각되는 것은 모두 갖추기로 했다. 따라서 돕고자 하는 우리 졸업생들한테 각각 분담시켰다. 그리하여 5월 1일과 2일 사이에 연구실은 완전히 면모를 갖추게 되었다. 훌륭한 연구실 현판도 서울대의 安교수와 鄭교수의 덕으로 마련되었다. 연구실 사용은 대학연구실을 사용하던 대로 하기로 했다. 강의가 있는 3일간만을 사용했었으므로 그대로 3일간만을 사용하기로 하되 사용하는 날은 월, 수, 금으로 했다. 연구실을 새로 열기는 했지만 집들이는 안 하기로 했다. 조용히 지내고 싶은 심정에서였다. 그러나 알릴 만한 사람들한테 알린 것은 물론이다. 자연히 찾아오는 사람들이 많아졌다.

研究室 차리곤 山行 계속

이렇게 개인 연구실을 마련하고 3일간을 사용하는 생활을 하게 되다 보니 나의 생활은 생동감을 되찾기 시작한 것이 사

실이다. 다시 말하면 현직 생활을 하는 것 같은 생각이 들었
다. 처도 마찬가지 심정인 것 같았다. 월, 수, 금 3일간은 연구
실로 출근하고 나머지 3일간은 주로 집에서 지내고 일요일은
산우회 멤버와 어울려서 근교의 산을 오르는 생활을 하다보니
1주일은 금방 지나가곤 했다. 게다가 점차로 종합잡지사 등에
서 원고 청탁이 왔는가 하면 사진을 실어 주기도 했고 또 특
강을 부탁하는 곳도 생기곤 했다. 그 결과 《마샬경제학연구》
에 관한 원고는 계속 쓰느라고 노력했지만 자주 중단이 되어
지지부진한 편이었다.

6월 하순경으로 생각된다. 전남에 있는 월출산(月出山) 등
산과 대흥사(大興寺) 구경을 위한 2박 3일의 원행이 있었다.
그것은 李변호사가 선정한 산우회 멤버와 어울리는 원행이었
는데 그 중에는 숙대(淑大)의 李교수도 포함되어 있었다. 영
암(靈岩)의 구림(鳩林)으로 가서 1박을 했다. 구림은 알고 보
니 왕인(王仁)의 고향이었다. 따라서 다음날 아침 일찍이 일
어나서 고적을 돌아보기도 했다. 월출산은 809m에 불과하지
만 등산에 별로 경험이 없는 사람들에게는 등산하기 좀 힘든
산임을 알 수 있었다. 그리고 먼 데서 보았을 때 느끼는 것처
럼 인상적인 산임에 틀림없었다. 정상에서 식사를 하고 하산
한 후 좀 쉬었다가 해남(海南)으로 가 대흥사 입구까지 가서
거기서 1박했다. 절만 구경하는 줄 알았더니 이왕 왔으니 뒷
산인 두륜산(頭輪山)도 등산해야 한다는 지배적인 의견에 눌
려서 모두가 정상에 올랐다. 산은 높지도 힘들지도 않았다.

그렇지 않아도 그동안 산우회 멤버들 사이에서 오고 가고
하는 말 가운데에 李변호사의 회갑논집을 산우회가 중심이 되
어 마련해야 된다는 것이었는데 이 원행을 계기로 그것이 구

체화되게 되었다. 내가 그 다음 연장자인 탓으로 발간준비위원장을 맡았다. 회갑논집은 늦어도 10월 초까지는 발간되어야만 했기 때문에 좀 서두를 필요가 있었다. 그러나 젊은 편에 속하는 멤버들의 실무적인 뒷받침을 얻어서 부탁할 만한 사람들에게 원고를 부탁하기 시작했고 쾌히 승낙을 받아낼 수 있었다.

7월 1일에는 오랫동안 병고에 시달려 오던 장인이 세상을 떠났다. 나를 그렇게 아끼고 사랑하던 장인이 그 사위의 해직을 알지 못한 채 영영 불귀의 객이 되었다. 나의 마음은 찢어지는 듯 아팠다. 글쎄 해직된 사실을 알리지 않은 것이 잘한 일인지 아닌지는 여전히 분간하기 어려웠다. 그러나 아내에게는 다른 한편에서 기쁜 일이 생겼다. 우여곡절 끝에 미국 가는 비자를 얻을 수 있었고 따라서 예정했던 대로 8월 초에 떠나서 그 달 말까지 약 1개월간 미국을 다녀올 수 있게 되었기 때문이다. 그렇지 않아도 미국에 가 있는 처남이 제법 사업을 잘하는 관계로 그전부터 초청하겠다는 이야기는 있었지만 작년 9월 말에 집에 강도가 들어 자칫하면 생명을 잃을 뻔한 일을 당해서 아내가 심적으로 커다란 충격을 받아온 데다가 작년에 떠난 장남이 7월 말이면 2년 코스인 석사과정을 마칠 수 있을 것 같다는 이야기도 있고 해서 미국을 다녀오게 하기로 하여 처남의 도움을 얻어 수속을 밟도록 했는데 우여곡절은 있었으나 어떻든 예정대로 여권과 비자를 받을 수 있었다. 게다가 장남으로부터 틀림없이 석사학위를 받게 된다는 소식도 있었다.

아들도 볼 겸 아내는 美國 다녀와

드디어 처는 8월 초에 미국으로 떠났다. 그리고 예정대로 그 달 말에 귀국했다. 그동안 장남, 처남과 그 가족을 만난 것은 말할 것도 없고 뉴욕 근처, 워싱턴, 나이아가라 등도 구경했다고 한다. 처음 외국 나들이에 1년 만에 석사가 된 장남을 만나보고 와서 그런지 그런대로 만족해하는 것 같아 나로서는 고생하는 아내를 모처럼 위로해 줄 수 있었던 셈이다.

8월은 마침 방학기간중이라 차녀 혼자만을 집에 남겨두지 않고도 원행을 할 수 있었다. 그래서 그 기간을 이용하여 2박 3일의 예정으로 두 번째의 설악산 등산 원행을 하기로 했다. 때는 8월 중순이었다. 역시 산우회 멤버와의 원행이었고 내설악에서 외설악으로 가는 코스를 택했지만 지난번과는 달리 이번에는 한계령(寒溪嶺)에서 독주폭포와 중청봉(中靑峰)을 거쳐서 대청봉(大靑峰)으로 등산했다. 대청봉 바로 아래에 있는 벙커에서 1박하고 다음날 아침 우중에 능선길을 따라 권금성(權金城)을 거쳐서 하산했다. 하산길은 좀 미끄럽고 힘들었지만 별탈 없이 하산할 수 있었다.

원행에서 돌아와 보니 앞으로 1년간의 생활설계를 하는 일이 기다리고 있었다. 그러나 원고 청탁, 특강 요청 등도 제법 많아졌고 또 연구실을 이용하는 생활을 하면서 점점 더 생활에 대한 자신이 생기는 것 같았다. 어떻든 작년에 비해 훨씬 많이 살림에 대해서 안심해도 되겠다는 생각이 들었으며 앞으로도 그럴 것 같았다. 그리고 앞으로는 1년마다의 생활설계가 필요 없겠다는 생각이 들었다.

그러는 가운데에 9월이 되었다. 그런데 뜻하지 않게 1개월 만에 또다시 남설악산이라고 불리기도 하는 점봉산 등산을 위한 1박 2일의 원행을 했다. 李변호사의 회갑논집을 발간하기로 되어 있는 두레사의 鄭사장이 발간이 계획대로 잘 진행되고 있으니 그 동안의 수고도 푸는 겸 9월 20일경에 1박 2일 예정의 소풍이나 가자고 하기에 서울에서 그리 멀지 않은 한적한 시골로 가는 줄 알고 쾌히 승낙을 했었는데 나의 예상과는 달리 본격적인 등산행이었고 그것도 광의의 설악산 등산행이었다. 사실은 이미 작은 아우와 9월 23, 24일경에 3형제가 어울려서 춘천(春川)을 출발해서 한계령·양양(襄陽)을 거쳐서 외설악인 설악동에서 1박한 후 속초를 거쳐서 춘천으로 돌아와서 서울로 오기로 약속을 하고 있었기에 애당초부터 설악산 쪽으로 가는 줄 알았더라면 응낙하지 않았을 것인데 그것을 확인하지 않고 응낙을 해버렸으니 안 갈 수도 없고 해서 떠나버렸다. 한계령 근처에서 민박을 하고 아침 새벽에 정상을 향해서 등산을 했다. 정상은 1,424m이지만 그다지 힘들지 않고 정복할 수 있었다. 역시 설악산의 일부인지라 과연 경관이 아름다웠다. 그러나 이번 원행등산을 계기로 해서 이제는 원행등산을 안 해도 될 정도로 심적인 여유와 건강에 대한 자신이 생겼기 때문에 몇 군데 가고 싶은 산을 제외하고는 더이상 원행등산은 안 하기로 하고 그 대신 건강유지를 위해 일요일마다 서울 근처의 산, 특히 북한산을 산우회 멤버와 어울려 등산하는 것만을 계속하기로 결심을 했다.

가고 싶은 산은 주왕산(周王山), 무등산(無等山), 소백산(小白山), 덕유산(德裕山), 태백산(太白山) 등이었다.

성황 이룬 李변호사 논문집 증정

돌아와서 2, 3일 쉰 뒤에 약속한 대로 춘천(春川)으로 큰 아우와 함께 내려가서 1박한 후 예정한 코스를 따라서 외설악으로 가서 1박한 후 춘천을 거쳐서 서울로 돌아왔다. 작은 아우는 그 사이에 춘천의 KBS 방송국장으로 와 있었기에 2년 좀 지나서 3형제가 춘천에서 다시 한자리에 모였고 이번에는 등산은 안 했지만 함께 어울려서 차로 즐거운 강원도 지방 여행을 한 셈이다. 이것은 순전히 작은 아우가 나를 위로하기 위해 배려한 것이었음은 말할 나위도 없다. 따라서 나는 한 달 사이에 한계령으로 말하면 세 번, 설악동(雪嶽洞)으로 말하면 두 번 간 꼴이 되었다.

정한 날짜는 꼭 오고 마는 법이고 또 빨리 오는 법이라고 했다. 사실 그대로였다. 어느 사이에 李변호사의 회갑기념 논문집 증정식날이 왔다. 10월 상순이었다. 인권운동(人權運動)에 정력을 쏟은 변호사답게, 관록 있는 중진변호사답게, 가톨릭 평신도회 간부답게, 많은 동료변호사, 전국 각지에서 모인 많은 사람들, 金추기경을 비롯한 신부들이 참석한 가운데 식은 대성황리에 또 엄숙하고 뜨거운 축하 분위기 속에서 치러졌다. 나로서는 그렇게 흐뭇할 수가 없었다. 이것이 뒤에 오는 변호사들에게 하나의 자극제가 되었으면 하는 것이 나의 소박한 소망이었다. 논문집에 실린 대부분의 글을 모아서 따로이 발간한 책이 다름 아닌 내가 편자의 한 사람으로 되어 있는 《역사와 인간》이다.

12월 초에는 뜻밖에도 집에 경사가 생겼다. 차녀가 갑자기 약혼을 했고 연내에 결혼하지 않으면 안 되게 되었기 때문이다. 혼사에 관한 이야기는 이미 9월부터 있었지만 결혼상대자가 미국의 오하이오 대학교 대학원의 전자공학 전공의 박사 후보생인 관계로 서신으로만 연락이 오고 가고 했었는데 12월 초에 아무런 예고도 없이 귀국해서 혼사가 급진전되게 되었던 것이다. 결혼을 하고서 새해 1월 5일경에는 미국으로 돌아가야 한다고 서두르는 바람에 이쪽도 정신 없이 끌려가 남이 보기에는 허둥지둥하는 가운데에 12월 28일 수운회관(水雲會館)에서 차녀의 결혼식이 치러졌다. 참으로 많은 하객들이 왕림해서 결혼을 축하해 주었다. 나로서는 그 이상 고마울 수가 없었고 또 그 이상의 결례가 있을 수 없었다.

이렇게 차녀의 결혼으로 해서 정신 없이 지내는 가운데에 82년은 저물고 83년의 신정이 왔다. 예년 같으면 함께 있으면서 도와주던 차녀가 없어서 섭섭하고 쓸쓸한 기분이 들었지만 여전히 많은 사람들이 찾아와 준 데다가 차녀도 결혼에 만족하는 것 같아서 그런대로 예년의 신정과 마찬가지로 지낼 수 있었다. 차녀 내외는 예정대로 1월 5일에 출국했다. 지난번 장남을 떠나보낼 때에는 심란한 마음이 들었었으나 이번에는 즐거운 마음으로 떠나 보낼 수 있었다.

기쁜 마음으로 次女 떠나 보내

1월 하순에는 기독자교수협의회가 경주(慶州)의 보문단지에서 개최하는 국제 세미나에 옵서버의 자격으로 참석을 했다. 머리도 식히고 또 일본의 동경대 교수였던 동경여자대학의 학장(우리나라의 총장)인 隅谷三喜男 교수도 만날 수 있어서 그렇게 했다. 2박 3일 예정이었지만 나는 1박하고 서울로 돌아왔다. 그때 지방대학의 해직교수 일부를 만날 수 있었다.

　서울로 돌아와서 얼마 안 되어 다시 영남(嶺南)지방으로 내려갔다. 그동안 대전(大田) 근처에 있는 계룡산(鷄龍山)이나 대둔산(大屯山) 등은 그곳에 있는 졸업생, 대학교수들과 함께 등산을 한 일이 있지만 대구(大邱)에 있는 역시 졸업생, 대학교수들의 요청도 뿌리칠 수 없었기 때문이다. 대구로 내려가서 기다리고 있던 3명과 합류해서 청송(靑松)에 있는 주왕산 입구에서 1박했다. 차에서 내려서 보는 주왕산은 퍽 인상적이었다. 다음날 아침에 정상(721m)에 올라가 점심을 해 먹고 하산하여 청송(靑松) 약수터를 거쳐서 백암(白岩) 온천에서 1박했다. 피로한 몸을 충분히 풀 수 있었다. 다음날 아침 일찍 떠나서 포항(浦項) 근처에 있다가 보경사(寶鏡寺)를 구경하고 대구를 거쳐서 서울로 돌아왔다. 청송약수는 듣던 대로 참으로 좋았다.

　서울로 돌아와 보니 기독자교수협의회로부터 3개월 내지 6개월간의 미국 혹은 일본에서의 연구생활을 할 수 있을 것 같다는 연락이 와 있었다. 물론 처도 동반할 수 있다고 했다. 그러나 일단 결정은 뒤로 미루기로 했다.

　새학기가 되어도 역시 해직교수문제에는 하등의 변화가 없었다. 이번 학기가 지나면 만 3년이 된다는 생각을 하니 좀 허전한 생각이 들었다. 다른 해직교수들도 마찬가지 심정이었던 것 같았다. 따라서 자연히 서로 만나서 이야기라도 나누어 갈 필요가 있었다. 그리하여 연로한 편에 속하는 몇 교수들과 한 달에 한 번씩 점심이나 저녁을 같이하기로 했다.

　그런데 알고 보니 상대적으로 덜 연로한 교수 몇 사람들도 그렇게 하고 있었다. 그렇다면 별도로 모일 것이 아니라 합치는 것이 좋겠다는 의견도 있고 해서 5월 들어서부터는 같이 모이기 시작했다.

「오늘의 冊」選定委 위원장 맡아

5월에는 또 예기치 않은 일을 하기 시작하기도 했다. 사람이 살다 보면 예기치 않은 일에 부닥치게 마련이라고는 하지만 뜻하지 않게 상사중재원(商事仲裁院)의 중재인으로서 모 해운회사와 모 재벌 산하 회사 간의 운임에 관한 다툼을 중재하는 일을 맡았던 것이다. 초창기부터 중재인으로 있기는 했어도 이제까지 한 번도 맡지 않았었다. 그런 관계로 맡긴 것 같았다. 일종의 재판관의 역할을 해야 하는 것인데 처음이라 해낼 수 있을는지 하는 생각에서 처음에는 망설였으나 새로운 경험을 쌓는 뜻에서 맡기로 했다.

재판하는 식으로 합의된 일자와 시간에 열렸는데 다행스럽게도 중재하는 일은 3개월이 지나서 판정을 내리지 않고 끝날 수 있었다. 양측이 원만하게 합의를 했기 때문이다.

이때쯤으로 기억된다. 나는 좋은 책을 내기 위해 노력하는 10개 출판사가 만든 「오늘의 책 선정위원회」의 위원장이 되었다. 갖가지 책이 쏟아져 나오는 탓으로 독자가 책의 선택에 있어서 어려움을 겪고 있다는 이야기에 발맞추어 어떤 선정기준을 설정해 주는 것이 우리나라의 출판문화를 향상시키는 길일 것이라는 생각에서 그 위원회를 설정했다고 한다.

「오늘의 책」의 선정작업은 위원들이 3개월에 한 번씩 모여서 지난 6개월간에 발간된 신간 가운데서 35권 내외로 한정해서 선정하여 선정된 책의 저자나 출판사에는 특별히 제작한 트로피를 증정하는 동시에 선정한 책은 교보문고의 특별코너인「오늘의 책」코너에 전시하도록 하면서 현재까지 계속되어 오고 있다.

6월 초에는 마산(馬山)에 있는 경남대학교에서 특강을 하기로 되어 있었다. 그러나 학교측의 의도와는 달리 해직교수의 특강이라고 해서 취소되었다. 그런 일이 있은 데다가 광주의 전남대학교와 조선대학교의 해직교수들의 요청도 있었기에 6월 중순에는 무등산 등산과 화순(和順)의 적벽(赤壁) 관광을 위한 2박 3일의 원행을 했다. 서울에서는 朴교수와 조선대학교의 해직교수인 權교수가 동행했다. 그리고 광주에서는 해직교수들 외에 文시인도 합류했다.

알고 보니 文시인의 고향이 바로 화순이었다. 광주에서 1박한 뒤 아침 일찍 등산했다. 무등산 높이는 1,187m라고 하지만 정상에는 오를 수 없게 되어 있었으므로 1,000m 약간 넘는 곳을 등산했다고 보면 무방할 것 같다. 별로 등산하기에 힘들지는 않지만 좋은 산임에는 틀림없었다. 하산은 적벽으로 가야했기 때문에 등산시의 코스의 정반대쪽으로 했다. 적벽에 도착한 것은 저녁 6시경이었다. 말로는 이미 오래 전부터 듣고 있었지만 실지로 보니 듣던 대로 아름다웠다. 그곳에서 1박하고 다음날 광주로 나왔다. 점심을 전남대학교의 전 해직교수들과 함께했다. 그때 전남대학교와 조선대학교의 해직교수들은 특별계획에 따라서 전남과 제주 외의 다른 지방에 있는 대학으로 가도록 한다는 말을 처음 들었다. 충격적이 아닐 수 없었다.

내가 쓴 글이 다른 교수 이름으로

7월 초에는 출가한 장녀 내외가 잠정적으로 집에 와 있게 되었다. 재무부 사무관으로 있는 큰사위가 정부의 연수계획에 따라 미국 시애틀에 있는 워싱턴 주립대학교 대학원 석사과정에서 공부하게 되어 있었기 때문이다. 차녀가 출가한 뒤에는 한적하기 짝이 없던 집에 생기가 도는 것 같았다.

그러나 7월 말에는 웃지 못할 일이 생겼다. 시내 삼선교(三仙橋)에 있는 H대학의 신문에 8월 1일자로 싣기 위해서 써 준 글이 해직교수의 글이라는 이유 때문에 그 대학의 교수이름으로 바뀌어 실린 일이 바로 그것이다. 말하자면 내 글이 딴 교수가 쓴 글로 둔갑해 버린 일이 벌어진 셈이다. 이미 내가 쓴 글이 편집부 이름으로 또 전 서울대교수 대신에 「무슨 무슨 위원」이라는 이름으로 실리는 등의 일을 경험한 바 있었지만 이렇게 완전히 딴 교수 이름으로 둔갑해 버린 일은 처음 겪는 일이었다. 물론 그 일은 그 교수와는 아무런 상관이 없었다. 도리어 몹시 난처한 처지에 놓여서 괴로워했다고 한다. 뒤에 안 일이지만 이것은 전적으로 그 대학의 학장으로 있는 사람의 정부에 대한 아부에서 빚어진 일이었다. 참으로 불쾌하기 짝이 없었다.

장녀 내외가 와 있는 동안을 이용해서 가보고 싶은 산 중의 하나인 소백산(小白山) 등산을 위한 원행을 하기로 했다. 8월 16일이었던 것으로 기억된다. 그러나 그 원행은 청량리역까지 나갔다가 좌절되어 버렸다. 그 전날 모 석간신문에 난 기사 때문이었다. 사실은 이미 광주에서 듣고 있던 내용의 것이 석간에 실렸지만 일단 가기로 약속을 했으니 그대로 강행

하기로 했던 것이다. 그러나 일행은 현직교수와 해직교수의
혼성팀이었는데 대체로 해직교수는 떠나지 말고 무엇인가 대
책을 강구하는 것이 좋겠다는 의견이 강한 바람에 또 해직교
수 아닌 사람들만으로도 할 수 있으니 하등 미안하게 생각하
지 말라는 말도 있고 해서 안 가기로 했다. 연락이 닿는 사람
들이 급히 모여서 의논한 결과 재경(在京)대학의 해직교수끼
리라도 모일 필요가 있다는 의견이 다수 의견임이 드러났다.
따라서 날짜, 시간, 장소 등을 결정하고 각기 분담을 하여 연
락할 수 있는 데까지 연락해 보기로 했다.

(1984. 11. 5. 《이코노미스트》)

나의 政治放學 4년(4)

8월 18일 오전 11시에 서소문에 있는 남강(南江)에서 모임을 가졌다. 놀랍게도 외국에 나가거나 지방에 가 있는 사람들을 제외하고는 거의 전원이 모였다. 역시 접촉들은 안해 왔지만 자기 자신의 진로에 대해 궁금하게 여겨 온 것만은 틀림없었던 것 같았다. 그 자리에서 합의된 사항은 두 가지였다고 할 수 있다. 하나는 원적(原籍)대학으로 전원을 즉시 돌려보내야 한다는 것이었고 다른 하나는 앞으로도 이번처럼 각자 회비부담으로 1개월에 한 번씩 식사를 하면서 의견을 나누어 가자는 것이었다. 앞으로의 연락을 위해서 연락간사 5명이 서울대, 고려대, 연세대, 이화여대, 성균관대에서 선정되었다. 나도 그 중의 한 사람이었다.

金총리와 중앙청 厚生館서 오찬

8월 22일에 장녀 내외가 미국으로 떠났다. 섭섭할 것은 없었지만 자녀 모두가 미국에 가 있을 것을 생각하니 어딘지 모르게 허전해지는 것만은 틀림없었다. 그후 얼마 안 있어서 우연히도 고대의 해직교수인 趙교수와 함께 金총리와 중앙청 후생관에서 오찬을 나누는 기회를 가질 수 있었다. 그때 해직교수의 합의사항을 전달했다. 그리고 전남대와 조선대의 해직교수를 포함해서 해직교수 전체에 대한 문제의 해결방안을

정부에서 연구 검토중에 있다는 이야기도 들었다. 그 당시만
해도 해직교수를 만난다는 것은 어려운 일이었는데도 불구하
고 그런 기회를 가진 김총리에 대해서 대단히 고맙게 생각했
다. 물론 지금도 그 생각에는 변함이 없다.

　합의사항에 따라서 9월의 제2주 월요일 오전 11시에 평창
(平倉)동에 있는 평창면옥에서 두 번째의 해직교수 모임이 있
었다. 이날에도 나올 수 있는 사람들은 거의 참석했으며 또 화
기애애리에 점심을 나누면서 지난번의 첫 번째 합의사항을 재
천명했다.

　10월에 들어서서는 8, 9일을 이용해서 1박 2일의 소백산 등
산을 위한 원행을 했다. 예기치 않게 원행을 할 수 있었다. 그것
은 전적으로 내가 8월에 가지 못한 것을 섭섭해하는 것을 안 서
울대학교의 金교수의 발의에 의한 것이었다. 영주(榮州)에서 1
박을 했다. 그리고 다음날 새벽에 차로 비로사(毘盧寺) 앞까지
가서 아침을 간단히 하고 거기서부터 등산하기 시작했다. 정상
(1,439m)에 다다르기 전에 물이 있는 곳에서 점심을 하고 정상
을 정복한 후 희방사(喜方寺)·희방(喜方)폭포를 거쳐서 하산
했다. 역시 듣던 대로 등산을 하는 사람이면 꼭 가 보아야 할
산이라는 것, 물이 귀해서 여름에는 상당히 조심을 해야 하겠다
는 것, 희방폭포는 천하일품이라는 것 등을 실감할 수 있었다.
그러나 마침 일요일이었는데 서울로 올라오는 기차 안에서 라
디오를 통해 버마의 아웅산 사건 소식을 들었다. 충격적이었다.

原籍 大學으로의 복귀 다짐

10월의 모임은 바로 그 다음날인 10일에 있었다. 이번 모임에서는 문교부장관에게 우리의 합의사항을 알리는 일과 몇 가지 질의를 하는 일을 하기로 합의를 했다. 이 합의사항은 말할 것도 없이 그후 즉시 실천에 옮겨졌다. 그러나 문교부장관에게 보내는 서신을 참고로 알리기 위해서 별도로 보낸 총리실에서만 회답이 왔고 주무부서의 장인 문교부장관이나 역시 참고로 보낸 안전기획부장, 국회 문공분과위원장으로부터는 아무런 회답이 없었다.

10월 하순에는 그 동안 미루어 왔던 3개월 내지 6개월간의 미국 혹은 일본에서의 연구생활을 위한 해외여행에 대한 결정을 내리지 않을 수 없었다. 그 동안 여러 가지 궁리끝에 일단 새해 1월에서 3월까지 3개월간 일본의 東京大나 大阪大로 가기로 결정을 했었다. 그러나 여러 가지 사정과 주위의 강력한 만류로 그 계획은 포기해 버렸다. 11월 초에는 두 번째의 책인 《분배의 경제학》이 발간되었다. 이 책은 여기저기 흐트러져 있는 나의 글을 한길사가 나름대로의 기준에 의거해서 골라 한 권으로 묶은 것이다. 11월에도 해직교수들은 제2주 월요일에 같은 시간과 장소에 모였다. 지난번의 결의사항의 실천 결과에 대한 보고가 있었고 해직교수들의 생각에는 추호도 변함이 없음을 톤을 높여서 천명했다. 그러나 해직교수들의 이러한 요구와는 다른 결정이 내려졌고 그 내용이 12월 6일에 발표되었다. 즉 원적 대학으로는 못 돌아가고 다른 대학으로 가는 것은 허용한다는 것이었다. 따라서 12월의 제2주 월요일 오전 11시의 모임은 험악한 분위기에 휩싸이지 않을 수 없었다. 그러나 냉정을 잃지 않은 가운데 각자의 솔직한 의견의 개진이 있었다. 해직교수들은 각자의 속마음을 솔직히 털어놓았던 것이다. 그 결과 정부의 결정에 따르겠다는 사람의 수가 소수임이 드러났다. 대다수는 여전히 원적 대학으로의 복귀를 주장하는 소위 「복귀고수파」였다. 나도 복귀고수파였다.

그러면 왜 나는 서울대학교 경제학과로 돌아가는 것을 고집했는가. 첫째로 대학교수의 경우에는 복직은 자기가 있던 곳으로 돌아가는 것을 의미한다고 굳게 믿고 있었기 때문이다. 둘째로 나는 1955년부터 서울대학교 상과대학에 있으면서 4·19를 겪었고 그 직후에는 교무과장이 되어 재건의 주역으로서의 역할을 하는 가운데에 5·16을 겪었고, 또 70년부터 75년까지 학장으로 있으면서 상과대학을 질적으로 높이려고 나름대로 노력해 왔기 때문이다. 다시 말하면 상과대학에 대해 누구보다도 강한 애착을 갖고 있었기 때문이다. 셋째로 상대적으로 젊은, 그러나 자녀의 교육비 등으로 생활비 부담이 큰 탓으로 경제적으로 나보다 더 어려움을 겪고 있으면서도 학적으로 꽃을 피우고야 말겠다는 열의에 찬 교수들도 원적 대학으로의 복귀를 고수하겠다는데 어떻게 내가 다른 대학으로 갈 수 있겠느냐라는 생각이 강하게 들었기 때문이다. 끝으로 나를 둘러싸고 있는 환경이 다른 대학으로 간다는 것을 결코 허용치 않는 그런 것이었기 때문이다.

「解職敎授협의회」의 결성

어떻든 정부의 발표가 있은 후 나는 원적 대학으로의 복귀를 강하게 주장했다. 그리고 모 석간 신문사의 요청에 따라 해직교수의 변(辯)을 논단에 쓰기도 했다. 바로 그것이 12월 16일자의 소위 〈가슴을 활짝 연 대화로〉이다. 그 요청은 당사자들은 제쳐놓은 채 제3자끼리 설왕설래한다는 것은 우스운 일이니 그러지 말고 직접 당사자의 이야기를 들어보자는 취지에서였다고 한다. 참으로 고마운 일이 아닐 수 없었다. 또 다른 대학으로 가라는 권유도 다른 대학으로부터의 요청도 완강히 거절했다. 물론 경우에 따라서는 영영 서울대학교 경제학과로 복귀할 수 없을는지도 모른다는 생각도 했다. 따라서 배수진을 치지 않을 수 없었는데 다행히도 그 동안 나를 잘 아는 졸업생들의 적지 않은 성금이 있어서 어떤 사정으로 이제까지 돕던 사업을 하는 졸업생들의 원조가 중단되어도 그럭저럭 1, 2년간은 연구실을 유지해 갈 수 있을 것 같은 생각이 든 데다가, 또 집살림은 정 급하면 장남을 귀국시켜서라도 돕도록 할 수 있겠다는 생각이 들어서 일단은 마음의 진정을 찾을 수 있었다.

12월 모임을 계기로 해서 이제까지 식의 모임은 별로 의의가 없게 되었다. 그리하여 그런 데 의견을 같이한 원적 대학 복직교수파들은 12월 20일에 해직교수협의회를 결성했다. 그 모임에 사정이 있어서 참석 못했지만 나는 3인으로 되어 있는 운영위원의 한 사람이 되었다.

뒤에 들은 얘기지만 그 모임에서는 이제까지의 합의사항 내지 주장을 어느 때보다도 강하게 천명했다고 한다.

12월 20일경에는 광주에서 유명한 洪변호사의 고희(古稀) 기념논집의 증정식이 있었다. 나도 글을 썼지만 독감으로 이 식에는 참석할 수 없었다. 이렇게 어떻게 보면 정신 없이 바쁜, 또 어떻게 보면 기가 차는 생활을 하는 가운데에 가족적인 일대 낭보가 미국으로부터 날아왔다. 그것은 그렇지 않아도 차녀의 해산달이 가까워서 걱정하고 있던 차에 차녀가 크리스마스 이틀 전에 순산에다 득남을 했다는 소식이었다. 나도 처도 진짜 할아버지와 할머니가 되었으니 이제는 진짜로 늙었구나 하는 생각에 슬퍼질 수도 있겠는데 그 동안의 걱정이 컸던 탓인지 그렇게 기쁠 수가 없었다.

12월에 있은 졸업생의 사은회에는 참석을 하지 않았다. 고맙기는 하지만 곰곰 생각해 보니 내가 해직될 당시에 그들은 경제학과 학생이 아니고 사회계열 학생이었기 때문이다. 그런데도 참석한다는 것이 어딘지 모르게 쑥스럽게 느껴졌던 것은 사실이었다.

「民衆大學」 개설 원칙 합의

84년의 신정이 다가왔다. 예년과 마찬가지로 많은 사람들이 찾아왔다. 하지만 나나 아내나 가족적으로는 보다 강하게 허전하고 쓸쓸한 신정을 보낸 셈이다. 이번 신정에는 자녀 모두가 미국에 있는 관계로 얼씬도 하지 않았으니 말이다.

1월의 모임도 종전대로 가졌다. 이 모임에서는 지방에 있는 대학교의 해직교수도 본인들의 희망에 따라 멤버로 가입시키기로 했다. 그리하여 제1차적으로 가입된 교수는 전남대의 宋교수 등의 여섯 사람이었다. 1월 하순에는 좋은 책을 내오고 있던 10개 출판사의 하나인 知識産業社가 재정적으로 어려움을 겪게 되자 서울대학교의 사학과 교수들을 중심으로 후원회가 발족되었는데 金사장과의 친분관계로 나는 후원회 회장이 되었다. 이 회장직을 맡은 데는 좋은 책을 내려고 애쓰는 출판사는 어떻게 해서든지 살려야 한다는 나의 생각이 강하게 작용했던 것도 사실이다.

2월의 모임도 역시 종전대로 가졌다. 이 모임에는 전남대의 해직교수 여섯 사람도 참석했다. 광주에서 새벽에 출발해서 참석했으니 그 성의는 대단했다. 이 모임에서는 우리의 주장을 밝히는 글을 내는 것과 대통령에게 건의서를 최단시일 내에 내는 것이 결의되었으며 또 다음 모임은 광주에서 개최하기로 했고 해직교수 아카데미를 앞으로 운영해 가기로 했고, 全北大의 해직교수와 嶺南大의 해직교수도 본인들의 희망에 따라서 멤버로 가입시키기로 했다. 대통령에게 보내는 건의서는 곧 실천에 옮겨졌다.

3월 새학기가 가까워지자 다른 대학으로 가는 교수의 명단이 밝혀졌다. 그러나 우리들의 예상에서 별로 벗어나지 못했다. 2월 모임의 결의에 따라서 3월 모임은 광주에서 모였다. 어느 새로 지은 호텔에서였다. 서울에서 대거 광주로 내려갔으며 전북대와 영남대의 해직교수 중에서도 각각 한 사람씩 참석했다. 그날 저녁에는 洪변호사를 호스트로 하는 해직교수를 위한 환영만찬회가 있었지만 나는 또 다른 서울에서의 약속으로 해서 점심을 겸한 회의가 끝난 후 洪변호사를 집으로 방문하여 첫 대면 인사를 나누고 곧 서울로 돌아왔다.

해직교수 아카데미를 해직교수들이 독자적으로 운영한다는 것은 여러 가지 사정으로 거의 불가능하다는 결론하에 이미 기독교단체의 지원을 받기로 했었는데 다행히도 호응도가 높았다. 가장 먼저 호응한 곳은 인천의 카톨릭센터였다. 동(同)센터는 민중대학을 개설하기로 했던 것이다. 그것이 확정된 것은 4월 초였던 것으로 생각된다.

　4월 모임은 경제기획원 뒤에 있는 조그마한 음식점에서 오후 4시에 모였다. 그 모임에서는 바로 그날 낮에 청와대의 李민정 수석비서관이 해직교수의 운영위원 세 사람과 오찬을 같이한 후이어서 주로 거기서 논의된 것에 관한 보고와 질의가 행해졌다. 그런데 그 오찬모임은 이미 해직교수들이 대통령에게 낸 건의서에 대한 답변의 한 형태였다고 할 수 있다. 이 모임에서는 또 하순경에 소풍 겸해서 우이동으로 피크닉을 가기로 결정을 하기도 했다. 확실한 날짜는 잘 기억이 안 나지만 비가 와서 할 수 없이 어떤 집에서 모였던 기억이 난다. 이 모임에서는 인천의 민중대학은 6월 중순부터 시작하기로 되어 있다는 보고가 있었다.

가톨릭 배려로 로마敎皇 배알

　4월 하순에 나는 중앙대학교에서 학생들에게 특강을 했다. 2년 전에도 학생 경제학회 주최로 학생들에게 현대경제학에 관한 특강을 한 바 있지만 공개적으로 특강하기는 이번이 처음이었다. 이것은 전적으로 동 대학교의 제3세계 연구소와 경제학 교수들의 공동노력의 산물이었다.

　5월 초순에 나는 우리나라에 온 로마교황에게 인사를 드리는 기회를 가질 수 있었다. 뒤에 들은 이야기이지만 이것은 해직교수에 대한 가톨릭 측의 특별배려에서 나온 것이었다고 한다. 5월 모임과 6월 모임은 역시 요일과 시간은 같이 하되 장소만은 달리해서 시내 안국동(安國洞) 로터리 근처에 있는 버드나무집에서 모였다. 앞으로는 장소도 고정시키기로 했다. 두 모임에서는 계속되는 우리의 주장과 민중대학의 강의에 대한 보고와 합의가 있었다. 6월 모임은 6월 11일에 있었는데 바로 3일 후인 6월 14일은 우리 해직교수에게 영원히 잊지 못할 날이었다. 그날 드디어 우리가 그 동안 계속해서 주장해 온 해직교수의 「원적 대학으로의 복귀」 즉 진정한 의미의 복직을 허용한다는 정부의 발표가 있었다. 해직된 지 꼭 만 3년 11개월, 다시 말하면 47개월 만의 일이었다. 참으로 감개무량했다. 얼마 안 있어서 내가 돌아가야 할 서울대학교로부터 복직수속을 취하라는 연락이 왔다. 서두르라기에 서둘러 필요한 서류를 제출했다. 그때서야 복직에 대한 실감을 느낄 수 있었다. 이제는 발령나는 것만이 남게 되었다.

1주일이 지난 6월 21일에는 특별모임이 있었다. 이 모임에서는 각 대학의 반응에 대한 대학별 보고가 있었고 또 모든 멤버가 복직할 수 있도록 공동노력을 하자는 합의가 있었다. 특히 7월 1일자로 발령을 낼 것이라는 고려대학교의 반응은 고무적이었다.

6월 23일에는 예정했던 대로 한국무역학회의 창립 10주년기념 심포지엄에서 〈자유시장경제와 개입주의〉라는 제목으로 기념강연을 했다. 복직 수속을 밟고 난 후 처음 있는 학회에서의 강연이었기에 긴장은 되었지만 그것은 나에게는 특별히 의의 있는 것이었다. 그리고 6월 27일에는 내가 편자의 한 사람으로 되어 있는 《경제학 대논쟁》이라는 책이 모 일간 경제지의 문고로 발간되었다.

7월과 8월에도 해직교수의 모임은 있었다. 8월 16일에 있은 8월 모임에서는 예상한 대로 嶺南大와 朝鮮大에만 문제가 있음이 드러났다.

나는 대학으로 복직하기에 앞서 이미 약속한 글과 일을 처리하느라고 바삐 지내게 되었지만 그러는 가운데에서도 미진한 일은 가능한 한 떨어버리는 것이 좋겠다는 생각에서 아직 등산하지 못한 덕유산과 태백산만은 꼭 등산하기로 했다. 그리하여 7월 21일에 서울을 떠나 1박 2일의 예정으로 산우회 멤버들과 어울려서 덕유산(1,614m) 등산을 위한 원행을 했다. 철이 철인만큼 매우 붐볐지만 그런대로 가볼 만한 산이라는 인상을 받았다. 약 1개월 후인 8월 18일에는 1박 2일 예정으로 역시 산우회 멤버들과 어울려서 태백산(1,561m) 등산을 위한 원행을 했다. 좀 거리가 멀기는 했지만 길이 좋아서 별로 불편을 느끼지 않고 다녀올 수 있었다. 이 산 역시 한 번은 꼭 가볼 만한 산이라는 인상을 받았다. 다만 태백산은 샤머니즘의 색채가 농후한 산인 것 같은 느낌이 들었다.

8월 22일과 23일에는 인천의 민중대학에서 강의를 했다. 약 2주간의 여름 방학을 끝내고 다시 모인 첫날과 다음날의 강의였으나 많은 학생들이 나와 진지한 자세로 경청하는 모습을 보니 자연히 머리가 숙여지지 않을 수 없었다.

감개무량한 9월 8일 첫 강의

9월 모임은 학기가 시작되는 9월 1일에 모였다. 이 모임에서도 여전히 두 대학교에서 복직문제가 해결 안 되고 있음이 드러났다. 그러나 그중 영남대의 경우에는 해결의 실마리가 보이는 것 같았지만 조선대의 경우에는 전혀 보이는 것 같지 않았다(해직교수협의회는 그후 9월 22일의 모임에서 건배를 드는 가운데에 대단원의 막을 내렸다). 이 모임 때만 해도 나 역시 아직 발령을 받지 못하고 있었으나 9월 3일에 드디어 발령을 받았다.

그리고 9월 8일에 첫 강의를 했다. 이번 학기에는 학부 3학년의 〈경제변동론〉과 대학원 석사과정의 〈경제발전론연구〉를 강의하게 되어 있는데 그날은 3학년의 강의를 한 셈이다.

강의를 끝내고 연구실로 돌아오니 꿈만 같았다. 그러면서 나는 지난 만 4년 1개월 동안 졸업생을 포함해서 물심양면으로 많은 도움을 준 사람들, 걱정과 격려를 아끼지 않은 사람들, 언제나 어려움을 함께해 온 친구 동료들에 대한 북받쳐 오르는 고마움, 또 그 동안 용케도 버틸 수 있었구나 하는 신기함을 새삼 느낄 수 있었다. 그리고 앞으로도 이제까지의 자세를 그대로 유지해야지, 해직 전보다 더 열심히 연구하고 가르치기 위해서 노력해야지 하고 굳게굳게 다짐을 했다. 그러나 기어이 탈고하여 발간하리라던 《마샬경제학연구》를 끝내지 못한 게으름에 대한 자책감, 아직 복직하지 못하고 있는 해직자들에 대한 미안한 마음, 알리지 않음으로써 끝내 내가 해직된 사실을 모르고 불귀의 객이 된 장인에 대한 미안한 마음 등은 못내 떨쳐버릴 수가 없었다.

이제 이 글을 끝맺을 때가 왔다. 사람이란 묘해서 실직을 당하면 처음에는 곧 죽을 것 같아도 살 길은 얼마든지 있다. 사람이 사람답게 살려면 비록 어렵더라도 正道 내지 大道를 걸어야 한다. 어려운 처지에 있을수록 건강에 각별히 유의하여 등산이든 낚시든 또 다른 운동이든 각기 알맞은 운동을 지속함으로써 건강을 계속 유지해 가야 한다. 바로 이것이 만 4년 1개월의 해직교수 생활을 청산하면서 남기고 싶은 말이다.

(1984. 11. 20. 《이코노미스트》)

마샬의 經濟騎士道

　경제학에 조금이라도 관심이 있는 사람이라면 알프레드 마샬(1842~1924)을 모르는 사람이 없다고 해도 과언이 아닐 것이다. 그는 경제학파의 하나인, 협의의 신고전학파(新古典學派) 내지 케임브리지 학파의 창시자이며 그의 케임브리지 대학교의 경제학 교수 취임강연인 《경제학의 현황》(1885)에 나오는 「냉철한 두뇌와 따뜻한 마음」은 경제학을 하는 사람에게는 너무나도 유명한 말이기 때문이다.

　분명히 그는 분석용구(分析用具)와 관련해서 오늘날의 경제학에 많은 유산을 남긴 사람이다. 그러나 그는 경제윤리와 관련해서도 주목할 만한 주장을 한 것이 사실이다.

　그는 1907년의 글에서 기업가로서의 성공은 부(富)의 축적을 통해서 확인되기 쉽기 때문에 자연히 사업의 성공이 부의 분배의 불평등을 촉진하는 경향을 야기하므로 이 분배의 불평등을 시정하기 위해서는 부의 축적 이외에 사업의 성공의 증거를 부여하는 방법을 찾아내는 것이 필요하다고 생각하여 「경제기사도(經濟騎士道)」를 제창했다.

　그의 경제기사도는 경제에 있어서 「우월에의 욕구」를 순수하게 추구하는 태도를 말한다. 그리고 우월에의 욕구는 일 자체의 우월성 속에서 스스로의 즐거움을 찾으려는 욕구 혹은 전적으로 뛰어난 일을 하려는 욕구를 뜻한다. 따라서 그는 경제기사도가 준수되게 되면 부만을 추구하는 일이 적어지므로 부의 불평등도 완화될 것으로 확신하고 경제기사도를 제창했다고 할 수 있다.

그러나 그는 경제에는 부의 과시(誇示)를 불가피하게 하는 제약이 있으므로 기업가에 의한 경제기사도의 준수를 위한 노력만으로는 충분한 효과를 기대하기 어렵다고 생각했다. 그리하여 그는 올바른 여론의 형성에 큰 기대를 걸었던 것이다.

즉 그는 여론이 사업이 초래한 부의 대소(大小)뿐 아니라 사업을 수행하는 태도 혹은 사업의 사회적 의의에 대해서 올바른 평가를 행하여 진정으로 칭찬할 만한 사업의 수행자에게만 사회적 명예를 부여하게 되면 기업가는 경제기사도를 몸에 익히게 될 것이라고 생각했던 것이다.

그는 다음과 같이 말하고 있다. 『아테네라든가 프로렌스의 민중이 사려 있는 명예를 부여한 것은 상상적인 예술에게 좋은 자극이 되었다. 만약 장차 올 시대에 있어서 근대적 실업의 분야에 있어서 진정으로 창조적인 것 혹은 기사도적인 것을 탐구하여 이에 명예를 부여한다면……. 고결한 노력이 환기되며 둔감한 사람들도 부를 단순히 그것이 어떻게 획득되었는가를 반성하는 일 없이 존중하는 일은 점차 없어질 것이다.』

이렇게 보면 그의 「명예법원(名譽法院)」의 설치에 관한 제창도 수긍이 갈 것이다. 한편에 있어서 광범한 정보를 수집하여 사정을 조사해서 여론을 계발함과 함께 다른 편에 있어서 여론을 조직해서 적정한 판단을 내리는 일을 하는 공공적인 위원회로서 구상된 것이 그의 명예법원이기 때문이다.

결국 그는 그의 글에서 보다 중요한 것은 올바른 여론의 형성과 그 위에 선 명예법원의 설치를 통해서 기업가가 경제기사도를 몸에 익히게 되는 환경의 조성을 위한 노력이라는 것을 강조했음을 알 수 있다.

우리나라에서도 기업의 사회적 책임이 논의 내지 강조된 지 오래다. 이것은 곧 마샬의 경제기사도의 준수의 논의 내지 강조라고 할 수 있다.

그러나 과연 여론이 또 정부와 기업이 사회적 책임을 다하지 않고서는 못 배기는 환경의 조성을 위해서 할 일을 다 했다고 할 수 있는지 한번 묻지 않을 수 없다. 명예법원의 설치까지는 몰라도 기업이 사회적 책임을 다하도록 하기 위해서 적어도 올바른 여론 위에 선 감시기관의 설치 내지 강화는 필요하다고 할 수 있지 않을까. 더욱이 기업에 대한 불신이 더 고조되지 않도록 하기 위해서는 특히 그러할 것같이 생각된다.

(1983. 2.《財政》)

하베이 로드의 前提

J. M. 케인스의 주저《고용 이자 및 화폐의 일반이론》이 발간된 것은 1936년의 일이다. 1930년대의 대불황 속에 등장한 케인스 이론은 균형재정(均衡財政)을 주장하는 신고전파(新古典派) 경제학과는 달리 빈사의 자본주의를 소생시키기 위해서는 재정불균형 내지 반균형재정과 정부의 개입도 불가피하다고 하는 정책당국의 입장을 정당화하기 위한 이론으로서 영·미(英·美)의 경제학자의 압도적인 지지를 획득했다. 사실 정부의 재정정책에 의해 고용량을 컨트롤하려고 하는 그의 정책론은 당시의 시대적인 상황으로 보아 많은 호응을 얻을 수 있게 되어 있었다. 그리하여 그의 경제학은 오늘날까지 주류 내지 제도화된 경제학의 일익을 담당해 오고 있다.

그러나 그의 경제학은 1960년대 후반 특히 1970년대에 들어서서부터 많은 비판을 받고 있다. 그 비판은 크게 그의 이론에 대한 것과 정책론에 대한 것으로 나누어 볼 수 있다. 그 가운데에서 보다 심각한 비판은 후자인 것같이 생각된다. 왜냐하면 그것은 정부의 개입주의를 정당한 것으로 보는가, 반(反)개입주의를 정당한 것으로 보는가의 낡고도 새로운 이데올로기간의 논쟁과 관련되어 있기 때문이다. 좀더 구체적으로 말하면 케인스적 개입주의의 적용은 과연 유효하고 무해(無害)한가, 아닌가가 최근의 케인스파 내지 케인스주의자 대보수파 내지 보수주의자의 논쟁의 집약점(集約點)이기 때문이다.

케인스는 정책을 결정해서 그것을 실천하는 정부에 대해서 일정의 전제(前提)를 설정하고 있다. 그 전제는 《케인스전》(1951)의 저자인 R. F. 해로드가 하베이 로드의 전제라고 부른 것이다. 그 호칭은 케인스의 생가가 상류지식계급이 살고 있는 케임브리지의 하베이로(路)에 있는 데 연유한다. 해로드의 말을 그대로 인용하면 그것은 『영국정부는 과거·미래를 불문하고 설득이라는 방법을 구사하는 지적(知的) 엘리트층에 의해서 계속해서 지배된다』고 하는 전제를 말한다. 또 케인스는 언젠가 치과의사처럼 공평한 기술자인 정부 경제고문이 편견에 사로잡히지 않은 과학적 조언을 행하고 정책결정자는 그것에 따라서 「공공의 이익」을 위해서 행동한다고 하는 모습을 이상상(理想像)으로 그린 일이 있다.

이런 전제와 이상상을 갖고 있었기에 케인스는 정부의 개입과 반균형재정이 불가피하다는 것을 주장했다고 볼 수 있다. 따라서 케인스파와 보수파 간의 논쟁은 따지고 보면 케인스의 하베이 로드의 전제와 이상상을 에워싼 논쟁이라고 할 수 있을 것이다.

물론 현대의 의회민주제도하에서는 정치가라든가 공무원은 각종의 압력단체의 압력에 굴복하기 쉽기 때문에 지적으로 뛰어난 사람이 공공의 이익을 합리적으로 평가해서 정책결정을 행할 수 없다는 것, 또 엘리트의 설득력에는 한계가 있다는 것이 현실이며 따라서 케인스 정책은 끝없는 재정팽창을 정당화하기 위한 방편으로서 이용되어 적자재정과 인플레를 만성화시키는 확신범(確信犯)으로서의 책임을 한몸에 지게 될 것이라는 어떤 보수파 경제학자의 말에는 수긍이 가는 바가 많다. 그러나 만약 정책결정자가 케인스의 하베이 로드의 전제와 이

상상을 명심하여 설득이라는 방법을 구사하는 지적 엘리트층에 의해서 지배되고 있고 또 그 정책결정자가 공공의 이익을 위해서 행동하려고 노력한다고 말한다면 구태여 보수파의 의견에 찬성할 필요는 없는 줄 안다. 그리고 나아가서 그 정책결정자가 라플라스의 마(魔)처럼 다시 말하면 전지전능자처럼 행동만 안 한다면 더욱이 그러하다고 할 수 있다. 라플라스의 마라는 말은 P. S. 라플라스의 1796년에 발간된 철학서인 《세계체계론》에서의 비유에서 나왔다고 한다.

그렇다면 모름지기 정책결정자는 항상 케인스의 하베이 로드의 전제와 이상상을 명심하도록, 그리고 전지전능의 라플라스의 마처럼 행동하는 일이 없도록 즉 지적 겸손을 갖도록 노력할 필요가 있다고 할 수 있을 것이다.

(1983. 7.《財政》)

Ⅱ. 한국 경제의 정신풍토

企業人의 倫理 확립 결의문

발표한 4개의 항

보도된 바에 의하면 최근에 대한상의(大韓商議) 회장을 비롯한 3백여 명의 기업인이 한자리에 모여서 기업윤리 확립 결의대회를 가졌다고 한다. 그리고 거기에서 기업의 사회적 책임인식과 노사(勞使)협조 확립, 공정경쟁, 국제경쟁력강화 및 불의(不義)와의 타협배제 등 4개항의 결의문이 채택되었다고 한다.

한마디로 말해서 기업윤리 확립을 위한 지도적인 기업인들의 주체적인 노력이 천명된 셈이다. 그러나 제아무리 지도적인 기업인들의 구체적인 노력이라고 해도 거기에는 어쩔 수 없는 한계가 있게 마련이다. 시간이 흐름에 따라서 그 결의의 강도가 약화될 것이 자명하기 때문이다.

그러기에 모처럼의 결의가 실질적인 결실을 맺도록 하기 위해서는, 다시 말하면 한낱 구두선(口頭禪)에 그치지 않게 하기 위해서는, 그 결의를 실천하지 않고서는 못 배기는 환경 내지 여건의 조성이, 주체적인 노력에 못지않게 중시되게 되어 있다. 정부, 소비자, 근로자, 언론기관의 부단한 감시기능이 강조되는 이유는 바로 여기에 있다.

그런 의미에서 정부는 정부대로 그 결의를 성실하게 실천하기 위해서 노력하는 기업인을 적극적으로 지원하는 한편, 그렇지 않은 기업인을 철저히 규제 내지 단속하도록 해야 할 것이며, 소비자는 소비자대로 그 결의의 실천을 소홀히 하는 듯한 기업인을 철저히 고발하도록 해야 할 것이다. 근로자는 근로자대로 그 결의의 실천을 위해서 필요한 한에서는 적극적으로 협조하도록 하면서도 소속하는 기업의 기업인이 그 실천에 덜 적극적인 경우에는 역시 고발을 불사하도록 해야 할 것이다. 언론기관은 올바른 여론의 형성을 통해서 그 결의를 성실히 실천하기 위해서 노력하는 기업인은 사회에서 크게 명성을 얻으며, 또 칭송을 받도록 하는 한편, 그렇지 않은 기업인은 사회의 비난 내지 지탄의 대상이 되도록 해야 할 것이다. 물론 이 가운데에서도 언론기관의 역할은 특히 강조되어야 한다.

그러나 이렇게 말하면서도 기업인에게 있어서 가장 중요한 일은 무어라 해도 기업의 사회적 책임을 다하는 것과 종업원을 자기 식구처럼 대하는 마음가짐을 강하게 갖는 것이라는 것을 상기시키고자 한다. 어떻게 보면 기업인이 이 두 가지에 투철하다는 것은 노사협조확립, 공정경쟁, 국제경쟁력강화, 불의와의 타협배제도 실현시킨다는 것을 포함하고 있다고 할 수 있기 때문이다.

저임금 없애도록

기업의 사회적 책임도 일종의 장님 코끼리 만지기 식의 용어임에 틀림없다. 따라서 사람 나름으로 그 해석이 구구하게 되어 있다. 그러나 그것은 일반적으로는 값싸고 품질 좋은 상품과 서비스를 생산하여 공급하는 것이다. 우리나라에서는 정부의 특혜적 지원 없이도 국제적 경쟁력의 강화를 통해서 수출을 확대하고, 나아가서 경제성장, 고용증대 등에 기여할 뿐 아니라, 경제성장에의 기여라는 명분하에 나쁜 노동조건이나 저임금의 지속을 추구하는 일 등을 지양하는 것을 뜻한다고 할 수 있다.

그리고 이런 내용의 기업의 사회적 책임을 다하기 위한 노력을 구현하는 가장 중요한 방법은 경영합리화 노력에서 찾아진다고 할 수 있다. 이 노력은 말할 것도 없이 적극적인 연구개발투자, 금융비용과 영업외 비용의 절감, 적극적인 국제적 마케팅 활동, 경영자에 대한 교육강화 등을 주 내용으로 한다.

적극적인 연구개발투자는 기술향상을, 기술향상은 생산성향상을 초래하며 이 생산성향상은 품질향상과 원가절하를 통해서 국제경쟁력의 강화, 나아가서 수출확대를 가능하게 한다. 금융비용과 영업비용의 절감은 한편으로는 원가절하, 나아가서 가격하락을 가능하게 하고 다른 한편으로는 자금압박의 완화, 나아가서 타인자본 즉 빚에의 의존도 저하(재무구조 개선)를 가능하게 한다. 적극적인 국제적 마케팅 활동은 해외시장의 개척 나아가서 수출확대를 가능하게 한다. 마케팅 활동은 품질 및 가격과 함께 국제경쟁력을 구성한다. 경영자에 대한 교육 강화는 경영자의 안목을 넓히며, 경영능력을 강화함으로써, 새로 직면하게 되는 문제 혹은 경영상의 여러 가지 애로의 타개를 가능하게 한다.

환경-여건 조성해야

한편 기업인이 자기 식구처럼 대할 때 즉 특별히 보살피는 마음가짐과 따뜻한 정으로 대할 때, 그 종업원들이 기업을 위해서 최선을 다하려고 노력할 것은 불을 보듯 뻔한 일이 아니겠는가.

따라서 모름지기 사회의 칭송을 받는 기업인은 적어도 이런 내용의 경영합리화의 추구가 곧 기업의 사회적 책임을 다하는 것이라는 인식을 갖고 있어야 할 것이다.

그리고 아울러 무언중에 자기 종업원을 특별히 보살피는 마음과 따뜻한 정으로 대하는 자세를 갖고 있어야 할 것이다. 한편 정부, 소비자, 근로자, 언론기관은 이런 기업인의 사기를 북돋우어 주고, 그렇지 못한 기업인은 사회의 지탄을 받도록 감시기능을 강화해 가야 할 것이다.

결국 현시점에 절실한 일은 적어도 이런 기업인이 되기 위한 기업인들의 노력과, 기업인들이 이런 기업인이 되지 않고서는 못 배기도록 하는 환경 내지 여건의 조성이라고 할 수 있다.

(1984. 11. 29.《조선일보》)

한국 경제와 企業의 체질개선

현재 우리나라는 경제적으로 매우 어려움을 겪고 있다. 작년인 1982년에는 당초의 전망과는 달리 주로 해외요인(海外要因)에 기인해서 물가상승률이 도매의 경우 4.7%(연말기준으로는 2.4%), 소비자의 경우 7.3%(연말기준으로는 4.8%)에 머물렀고 역시 당초의 전망과 달리 경상수지(經常收支)적자폭이 반감(半減)되기는 했지만 금년의 경상수지 적자폭은 작년의 그것과 거의 같은 20억 달러가 될 전망인 데다가 외채잔액이 396억 달러(1983년도 경제운용계획안－1982. 1)나 될 것으로 전망되고 있고 수출 L/C 내도(來到)가 아직까지는 계속해서 부진상(不振相)을 면치 못하고 있다.

한편 경제운용계획(經濟運用計劃)에서는 금년의 물가상승률이 도매 2.0% 내외, 소비자 3.5%로 전망되고 있지만 금년의 물가는 국내외적인 요인을 감안할 때 결코 낙관을 불허하고 있고 또 금년의 경제성장률 7.5%라는 전망도 만약 수출농업의 성장 등이 부진할 경우에는 역시 실현되기 어려울 것이라는 평을 면키 어려울 것이다. 그리고 해외저축률은 금년에도 3.4%나 된다. 〈표 3〉

이렇게 보면 우리 경제는 제4차 5개년 계획(1977～1981)에서 계획되었던 1981년의 경제상태와 거리가 상당히 먼 그런 상태에 처해 있다고 할 수 있다. 이 계획서에 의하면 1981년에는 경제성장률은 9.0%, 실업률(失業率)은 3.8%, 물가상승률은 도

매 8.0~9.0%, 소비자 8.0~10.0%, 무역수지(貿易收支)와 경
상수지는 각각 13.7억 달러, 11.7억 달러의 흑자, 투자율(1975
년 불변가격표시(不變價格表示))은 26.0%, 국내 저축률은
26.1%, 해외저축률은 -0.1%(즉 투자재원의 국내저축에 의한
완전조달) 등으로 되어 있기 때문이다. 말하자면 1981년에는
고성장(高成長), 저실업(低失業), 고고용(高雇傭) 저물가(低
物價), 무역수지·경상수지의 흑자, 투자재원완전국내조달 등
이 실현되는 것으로 되어 있었다. 게다가 외채잔액은 136.5억
달러로 되어 있었다.

그런데 만약 1981년의 경제상태를 바람직한 상태라고 한다
면 대만(臺灣)은 1976년 이후보다 더 바람직한 경제상태를 지
속해 오고 있다. 비록 1980년부터 경제성장률이 낮아지고
1979년과 1980년에 물가상승률이 높았고 1980년에 경상수지
가 적자이기는 했지만 분명히 대만은 보다 알찬 고성장, 저실
업, 고고용, 무역수지·경상수지의 흑자를 시현하고 있는 데
다가 〈표 2〉 투자재원 완전 국내조달(대만의 국민저축률, 가
계저축률이 높은 것은 잘 알려져 있는 사실이다.) 소규모의 외
채잔액(대체로 현재 60억 달러인 것으로 추정된다) 등도 시현
하고 있다.

그런가 하면 우리 기업도 현재 어려움을 겪고 있다. 다시 말
하면 우리 기업은 현재 재무구조의 악화상태에 처해 있다. 〈표
1〉에서 알 수 있듯이 우리 기업은 자기자본비율이 낮음으로 해
서 즉 차입금(借入金)(他人資本) 의존도가 높음으로 해서 높
은 금융비용부담, 높은 이자부담을 겪고 있다. 또 높은 부채상
환부담(負債償還負擔)(외채상환부담 포함)을 겪고 있는 것도
사실이다. 1980년, 1981년에는 금융비용/매출액은 각각 7.4%,

5.0%, 금융비용의 제조업 원가에서의 비율은 각각 7.4%, 8.4%, 총이자 부담률은 각각 11.3%, 11.6%나 된다. 이에 대해서 대만 기업의 경우에는 재무구조가 훨씬 양호함을 알 수 있다.

重化學공업의 正常化

따라서 우리 경제와 우리 기업의 앞으로의 과제는 각각 바람직한 경제상태에의 접근과 재무구조의 개선을 위해서 진력하는 일이라고 할 수 있다. 그렇다면 우선 중화학공업의 정상화를 들지 않을 수 없다. 우리 경제가 현재 겪고 있는 어려움은 주로 지나친 그것도 중복된 중화학공업 투자에 기인하는 바가 크기 때문이다. 그런 의미에서 중화학공업 투자의 조정은 앞으로도 계속해서 강력하게 추진되어야 할 것이다.

物價安定의 정상화

다음에 물가안정은 계속해서 추진되어야 한다. 물가안정은 실질소득의 보전(保全)·생활의 안정·소득분배의 악화방지·국제경쟁력의 강화를 실현시킬 뿐 아니라 경제개발계획의 전제가 되기도 한다. 그러나 물가안정은 점진적 단계적으로 접근할 필요가 있음을 간과해서도 안 된다.

셋째로 무역수지·경상수지의 방어가 필요하다. 그러기 위해서 수출증대, 수입억제가 요청된다. 그러나 그와 함께 비록 장기적인 해결책이기는 하지만 소재공업(素材工業)·부품공업의 육성이 강조되어야 한다. 우리나라 수출의 문제점의 하나는 바로 수입유발적(輸入誘發的)인 데 있는데 이것을 해결하는 길의 하나가 이들 공업의 육성인 것이다. 그리고 수출증대라고 해서 이제까지의 수출 드라이브 정책을 통한 그것이 아님은 말할 것도 없으며 또 수입억제는 에너지 절약, 물자절약, 식량증산, 식량절약 등을 전제로 한다. 대만의 경우에는 1982년 1월과 9월 사이에 수출이 감소했지만 수입이 더 많이 감소함으로써 무역수지, 경상수지가 다 같이 흑자로 되어 있다.

넷째로 원활한 외자조달과 외화절약이 필요하다. 우리 경제는 외화의존적(外貨依存的)이므로 원활한 외화조달을 전제로 하며 또 외채잔액이 금년 말 현재 396억 달러가 될 것으로 전망되므로 적어도 그 규모의 지나친 확대방지를 위해서라도 외자절약이 요청된다. 이때 모든 분야에서의 외자(外資)의 낭비방지가 전제됨은 말할 필요도 없다.

內資動員의 극대화

다섯째로 내자동원의 극대화(極大化)가 필요하다. 국내저축으로 투자재원이 완전히 조달될 수 있다면 구태여 외자도입을 필요로 할 이유가 없을 것이다. 이때 각 분야에서의 저축증대를 위한 노력이 요청되는데 물론 사회지도층의 소비절약에 있어서의 솔선수범이 전제가 된다. 또 선진국 사람들의 소비생활을 우리나라 사람들로 하여금 모방하도록 유혹하는 국제적 전시효과를 슬기롭게 방지하는 일도 못지않게 중요하다.

여섯째로 광업, 농업, 중소기업의 육성이 필요하다. 광업의 육성은 에너지자원 등의 광물자원의 증산을 통해서, 농업의 육성은 식량의 증산을 통해서 광물자원과 식량의 수입 절약을 초래함은 물론 적어도 새로운 실업(失業)의 발생을 방지해 주며 중소기업은 고용흡수적이므로 그것의 육성은 고용증가를 초래한다. 동시에 광업, 농업, 중심기업의 육성은 그들 산업에 종사하는 사람들의 소득증대를 통해서 국내시장 내지 내수시장의 확대를 초래함으로써 수출부진이 주는 쇼크를 완충할 수 있게 해준다.

企業의 체질개선

일곱째로 기업의 자기자본비율 제고(自己資本比率提高), 외자의존에서의 탈피 등이 필요하다. 기업은 경영합리화를 통한 원가절감과 기술혁신을 추진하는 외에 주식공개, 주식을 통한 증자(增資) 내부유보(內部留保)의 증대, 감가상각(減價償却)의 가속화(加速化) 등도 추진해야 한다. 그리고 가급적 시설 자금이나 운전자금을 외자에 의존하는 일이 없도록 해야 한다.

끝으로 결과치(結果値)로서의 경제성장률 중시가 필요하다. 앞에서 든 것들을 추진하다 보면 자칫하면 저성장이 초래될는지 모른다. 다시 말하면 경제성장률은 목표치(目標値)로서 볼 수도 있고 결과치로서 볼 수도 있는데 경제성장을 결과치로서 보고 그것을 중시하다 보면 저성장이 초래될 수도 있다. 그러나 고성장과 경제성장률 이외의 다른 주요 경제지표의 악화의 상태와 저성장과 경제성장률 이외의 주요 경제지표의 호전의 상태 중 어느 것이 더 바람직한 경제상태에 가까운 것인가 하면, 즉 우리 경제와 우리 기업의 체질이 보다 강화된 것을 나타내는 것인가 하면 그것은 분명히 후자의 상태이라고 할 수 있을 것이다.

(1983. 2.《인간개발》)

〈표 1〉 주요재무비율

단위: %

	한 국						대 만
	1971	1973	1974	1979	1980	1981	1980
자 기 자 본 비 율	20.2	26.8	24.0	21.0	17.0	18.1	36.1
차 입 금 의 존 도	55.9	48.5	49.7	48.4	49.3	49.4	38.3
차 입 금 평 균 이 자 율	13.4	9.8	10.5	14.4	18.7	18.4	12.7
금 융 비 용／매 출 액	9.9	9.9	4.6	6.0	7.4	5.0	4.4
기 업 경 상 이 익 률	8.4	12.8	10.9	9.7	9.1	10.0	8.7
총 이 자 부 담 률	9.4	5.6	7.0	9.1	11.3	11.6	7.3

출처: 경제기획원, 〈경제백서〉 1982 p.222

〈표 2〉 대만의 주요경제지표

단위: %, 억달러

	1978	1979	1980	1981	1982. 1～9
경 제 성 장 률 (실질)	13.9	8.1	6.6	5.0	3.7
실 업 률	1.67	8.1	1.23	51.35	2.68
도 매 물 가 상 승 률	3.5	13.5	21.5	7.6	−0.4
소 비 자 물 가 상 승 률	5.8	9.8	19.0	16.3	4.5
경 상 수 지	16.7	2.4	−9.7	5.0	9.2
무 역 수 지	16.6	13.3	0.8	14.1	22.8
수 출	126.9	161.0	198.1 (14.1)	226.1	166.6 (−1.6)
수 입	110.3	147.7	197.3 (7.4)	212.0	143.8 (−11.6)

주: 1) 전년 동기비 2) 9월중 수치 3) 1～6월중 수치 4) ( )내는 증가율
출처: 한국은행, 〈주간내외경제〉 1088. 1982. 12. 11 p.12

〈표 3〉 주요경제지표

단위: %, 억달러

	1979		1980		1981		1977~1981		1982	1983	
	계획	실적	계획	실적	계획	실적	계획	실적	계획	실적	전망
경 제 성 장 률	9.0	6.4	9.0	−6.2	9.0	6.4	9.2	5.5	7.0 내외	5.0	7.5
농림수산업성장률							4.0	0.1	1.5		
제 조 업 성 장 률							14.3	9.9	7.2		
실 업 률		3.8		5.2	3.8	4.5			4.4	4.4	4.2
투 자 율	25.9	41.8	25.9	33.7	26.0	33.2	26.2	35.5		27.5	28.1
국 민 저 축 률	24.0	25.0	25.1	20.8	26.1	22.8	24.2	23.9		23.4	24.7
해 외 저 축 률	1.9	16.8	0.8	12.3	−0.1	9.6	2.0	11.2		4.1	3.4
도 매 물 가 상 승 률		18.8		38.9		20.4	8.8	19.7	10.0~−14.0	4.7	2.0
소 비 자 물 가 상 승 률		18.3		28.7		21.3	8.0~−10.0	18.6	10.0~−14.0	7.3	3.5
총 통 화 증 가 율							24.5	24.7	22.0	27.0	18.0
경 상 수 지	2.35	−41.51	6.79	−53.21	11.0	−44.36			−44.00	−20.01	−20.00
수 출	145.19	147.05	172.92	172.14	202.42	208.82				216.0	235.0
수 입	140.43	191.0	163.45	215.98	188.72	242.99				243.2	255.0
(외 채 잔 액)					(136.5)	(3250)				(361.0)	(396.0)
(대 GNP 비 율)					(23.3)	(52.2)				(53.8)	(53.1)
(원리금상환부담률)					(8.6)	(13.7)				(14.7)	(14.5)

출처: 경제기획원, 〈개발연대의 경제정책〉 1982. 12. p.365: 동, 〈경제지표〉 1982. 9 p.138: 동, 〈1983년도 경제운용계획〉 1983. 1. 20 p.10. 등

한국 경제의 정신풍토

현재 한국 경제는 여러 가지로 어려운 문제에 직면하고 있다. 따라서 이들 문제의 해결을 위해서 최선을 다해야 할 것이다.

그러나 그 해결을 위해서는 한국 경제의 정신풍토 개선이 병행되어야 함을 잊어서는 안 된다. 왜냐하면 종국적인 주체인 인간의 정신상태가 이들 문제의 발생원인의 하나로서 작용하고 있다고 할 수 있기 때문이다. 따라서 여기서는 한국 경제의 정신풍토에 대해서 생각해 보기로 한다. 즉 한국 경제의 정신풍토의 문제점은 무엇인지, 그것의 발생 배경은 무엇인지, 그것의 바람직한 개선방향은 무엇인지 등을 알아보기로 한다.

대체로 한국 경제의 정신풍토의 문제점으로서는 개인윤리의 혼란 내지 도덕의 타락과 근대적 직업윤리의 미확립의 2가지가 들어지는 것 같다. 전자는 배타적 이기주의, 배금(拜金)주의, 향락주의 등의 추구이고 후자는 생산적 노동의 경시, 합리성의 결여, 창의성의 결여 등이다. 전자의 구체적인 예는 부정부패 불량상품 매매, 사치 및 낭비적인 생활, 유흥 내지 향락산업·사치성 소비재산업의 번창, 저임금의 강요 등에서 찾아볼 수 있고 후자의 그것은 생산보다 유통에서 부(富)를 획득하려고 하는 성향, 투기, 특혜, 이타적·무사안일주의적 행동 등의 만연에서 찾아 볼 수 있다.

수단과 방법을 가리지 않고 자신의 목전의 이익과 화폐의 획득만을 추구하려 하고 향락만이 가치 있는 것으로 여기고 있으며 또 생산적인 노동이 경시되고 합리성과 창의성이 결여되어 있는 것이 사실이라면 앞에서 든 문제점의 구체적인 예는 당연한 소산이라고 아니할 수 없을 것이다.

그런데 사실은 이러한 개인윤리의 혼란과 근대적 직업윤리의 미확립이라는 문제점은 한국 경제의 특수성을 배경으로 해서 형성된 것이라는 점을 간과해서는 안 될 것이다. 물론 한국 경제의 특수성에는 여러 가지가 있을 것이다. 그러나 그들은 일단은 이중구조(二重構造), 상업·개인서비스업의 지나친 비대화, 정부기능의 비정상적인 비대화, 높은 해외의존성, 안정기조의 취약성의 5가지로 압축해 볼 수 있지 않을까 생각된다.

사실, 공업·대기업과 같은 근대적 부문과 농업·중소기업과 같은 전근대적 부문의 병존(倂存)을 뜻하는 이중구조는 전근대적 부문의 존재를 통해서 합리성의 결여를, 상업·개인서비스업의 지나친 비대화는 생산적 노동의 경시경향을, 정부기능의 비정상적인 비대화와 특혜지향성은 합리성과 창의성의 결여를, 높은 해외의존성은 주체성의 결여 내지 의타심과 사치성 등을, 인플레와 만성적인 국제수지 역조(逆調)를 주로 말하는 안정기조의 취약성은 합리성의 결여를 각각 초래 내지 조장하고 있다고 할 수 있다.

그렇다면 한국 경제의 정신풍토를 개선하려고 하면 개인윤리의 확립과 근대적 직업윤리의 확립, 즉 배타적 이기주의, 배금주의, 향락주의의 배제와 생산적 노동의 존중, 합리성과 창의성의 고양을 위한 노력이 무엇보다도 필요하다고 할 수 있다. 그런 의미에서 인본주의(人本主義)와 막스 베버의 근대적 자본주의의 확립을 강조하지 않을 수 없다. 인본주의는 인간을 모든 가치의 기준으로 삼기 때문에 인간 이외의 그 어떤 것으로 인해서도 인간이 수단시되는 것을 거부한다. 뿐만 아니라, 그것의 해결을 위해서 적극적으로 노력할 것을 요구한다. 이때의 인간은 추상적 개념으로서의 인간도, 또 자신만도 아니고 모든 구체적인 인간을 뜻한다. 따라서 인본주의는 배타적 이기주의나 배금주의나 향락주의를 거부하게 된다.

베버는 그의 저서 《프로테스탄티즘의 윤리와 자본주의정신》에서 자본주의를 천민(賤民)자본주의와 근대자본주의로 나누고 근대자본주의의 발전에는 청교도의 엄격하고 합리적인 직업윤리가 크게 기여했다고 주장하고 있다. 왜냐하면 전근대적인 천민자본주의하에서는 탐욕적 동기에 의해서 투기적이거나 약탈적인 방법으로 주로 상업이나 해외무역 및 고리대(高利貸)에서 부를 획득하였으나 근대자본주의하에서는 노동자나 자본가가 모두 생산적 노동의 존중, 합리성, 창의성을 내용으로 하는 근대적 직업윤리에 투철하여 생산적 노동에 전력함으로써 정당한 부를 획득하고 또 이 획득한 부를 검소한 생활을 통해서 축적함으로써 이를 다시 생산에 투자하였기 때문이라고 한다.

그러나 이러한 개인윤리의 확립과 근대적 직업윤리의 확립을 위한 노력과 함께 한국 경제의 특수성의 해소, 즉 이중구조의 해소, 상업·개인서비스업의 지나친 비대화의 방지, 정부기능의 비정상적인 비대화의 방지, 높은 해외의존성의 방지, 즉 자립도의 제고, 안정기준의 확립을 위한 노력이 필요하다고 아니할 수 없다.

그런 의미에서 농업·중소기업의 적극적인 육성, 생산적 투자에 유리한 환경과 유인(誘因)의 조성, 정부간섭의 범위와 정도의 축소화, 물가안정·국제수지 개선의 강력한 추진이 조성되어야 할 것이다.

그러나 바람직한 정신풍토의 조성을 위해서는 상술한 바 외에 일체감의 확립, 전통의 올바른 계승 등이 또한 필요하다고 하지 않을 수 없다. 정신은 남에게 강요할 수 없는 것이고 오직 납득을 필요로 하는 것이기 때문이다. 물론 서로간의 일체감이 없더라도 서로의 이해는 가능하다. 그러나 그 주장을 자기의 것으로 받아들이는 데에는 일체감이 선행해야 할 것이다. 또 전통은 우리의 생활에서 생성된 것이므로 우리에게 친근하며 우리의 생활에 부합된 것이 많기 때문이다. 예컨대 서구(西歐)의 청교도정신에서 엄격한 도덕심을 배워 오기보다는 우리 전래의 수치심과 절제심을 새로운 내용으로 되살리는 것이 보다 용이하고 우리의 실정과 잘 조화되는 윤리를 우리로 하여금 갖게 할 수 있을 것이다. 이때 이러한 전통의 계승이 편협한 국수주의(國粹主義)로 흘러서는 안 됨은 말할 나위도 없다. 외국의 제도와 문물 중에서 우리가 배울 것은 정확하게 또 비판적으로 배우고 우리의 전통 중에서 버릴 것은 과감하게 버려야 할 것이다. 그리고 계승할 것은 새로운 내용으로 창조해 가는 가운데에서 계승해 가야 할 것이다.

어떻든 정신풍토의 개선이 성과를 거둠으로써 현재 한국 경제가 직면하고 있는 여러 가지 어려운 문제들의 해결에 큰 도움을 줄 수 있었으면 한다.

(1985. 3. 21. 《週刊每經》)

輸出증대보다 輸入억제

예상 초과액 앞질러

현재의 전망으로는 올해에는 경상수지 적자폭이 계획치(計劃値)를 크게 웃돌 것이라고 한다. 경상수지는 한 나라가 상품, 운수·보험·관광 등의 서비스, 증여의 세 가지 거래를 통해서 외국으로부터 벌어들이는 모든 돈과 외국에 지불하는 모든 돈의 차액을 말하고, 그 적자는 차액이 마이너스인 경우 즉 벌어들이는 돈이 지불하는 돈보다 적은 경우를 말하므로, 현재의 전망에 따르면 올해에는 예상되는 외화지 불초과액이 연초에 계획했던 그것을 크게 앞지르게 되는 셈이다.

경상수지 적자가 새로운 외화를 필요하게 만드는 것은 말할 나위도 없다. 또 사실 경상수지 적자는 제2차 석유파동 후에 우리나라의 외채 잔액을 급격하게 증가시킴으로써 현재와 같은 매우 큰 규모의 외채 잔액을 초래시켰다. 이렇게 큰 규모이기에 외채 잔액의 감축 내지 작은 폭의 증가는 우리 경제가 해결해야 할 끽긴(喫緊)한 주요 과제의 하나로 되어 있다. 경상수지 적자의 계획치도 따지고 보면 외채 잔액 감축을 위한 정부의 노력의 일단을 나타내는 것이다. 그 노력이 현재로서는 예상되는 경상수지 적자폭이 그 계획치를 크게 웃돌 전망이므로 차질을 빚을 것으로 보인다.

그렇다면 더 더욱 경상수지 적자폭의 감축을 위한 노력은 강조되어야 한다고 하지 않을 수 없다.

경상수지 적자폭의 감축을 위해서는 상품과 서비스의 거래를 통해서 외국으로부터 벌어들이는 돈을 늘려 가야 한다. 즉 상품과 서비스의 수출을 늘려 가야 한다. 물론 이때 특히 상품의 수출증가가 강조되지 않을 수 없다. 그러나 우리나라는 원자재와 기계 같은 자본재를 해외에 의존하고 있다. 그러기에 우리나라의 경우에는 수출을 늘리면 수입, 즉 상품의 거래를 통해서 외국에 지불하는 돈도 아울러 늘게 되어 있다.

수입품 덜 쓰게 유도

따라서 현재로서는 수출증대라는 적극적인 개선방법도 좋지만, 수입억제라는 소극적인 개선방법에 더 역점을 두는 것이 도리어 옳지 않은가 생각된다. 그런 의미에서 수입개방 내지 수입자유화의 추진은 어디까지나 신중을 기할 필요가 있다. 수입개방 품목수가 총수입 품목수에서 차지하는 비중인 수입자유화율이 몇 년 뒤에 선진국 수준으로 된다고 해서, 그때 우리나라가 선진국으로 되는 것은 아니다. 그러나 그렇다고 해서 우리나라의 기업을 언제까지나 온실 속에 가두어 두라는 말은 결코 아니다. 다만 수입의 급격한 증가를 초래하지 않는 방향에서, 그리고 나아가서 우리 경제의 실익(實益)을 거두는 방향에서 수입개방을 추진하라는 말이다.

그리고 아울러 원자재, 에너지, 소비물자를 아끼는 일, 수입상품을 덜 쓰는 일 등을 강력히 추진해야 한다. 원자재와 에너지의 절약을 위해서는 절약형으로 산업을 개편하는 것 등을 포함한 산업과 기업에서의 합리화가 전제되어야 한다. 그리고

소비물자를 아끼는 일과 수입상품을 덜 쓰는 일 등에 있어서
는 정부인사와 일반사회 지도층의 솔선수범이 전제가 된다.
　한편 외화를 아껴 쓰는 일도 경상수지 적자폭의 감축을 위
해서 못지않게 절실하고 중요하다는 것을 간과해서는 안 된
다. 외화를 아껴 쓰는 일은 상품의 수입과 서비스 특히 운수,
관광 등의 거래를 통해서 외국에 지불하는 돈을 줄임으로써
경상수지 적자폭을 감축시킨다. 그리하여 외화의 절약은 나아
가서 새로운 외화의 필요를 줄이고 외채 잔액의 증가를 막아
준다. 거꾸로 외화의 낭비는 바로 이의 역현상을 초래한다. 즉
새로운 외화를 필요하게 만들며 외채 잔액을 증가시킨다. 또
외화는 우리나라 산업역군의 피나는 노력의 대가이기도 하다.

經濟騎士道 배워야

　따라서 외화의 절약은 제아무리 강조해도 남음이 있다고
할 수 있다. 외화의 절약을 위해서는 물론 저리(低利)의 외채
(外債)로의 전환, 국제금리의 변동에 직결되어 있는 연동금리
외채(連動金利外債)의 감축 등의 소위 우리나라 외채구조의
개선이 전제가 된다. 그러나 현재보다 시급한 일은 객관적으
로 보아서 많은 사람들에게 별로 중요치 않게 여겨지는 일에
외화를 쓰는 일은 절대로 삼가는 것일 것이다. 그런 뜻에서
예를 들면 하찮은 국제행사의 국내유치, 대수롭지 않은 해외
행사의 개최, 별로 도움이 안 되는 해외인사의 초청과 국내외
인사의 교류, 불필요한 해외여행 내지 관광여행, 빈번한 TV
위성중계 등은 극력 삼가야 할 것이다.
　거기에는 그럴듯한 이유나 명목이 있음을 잘 안다. 그러나

일에는 완급이 있는 법이고 또 핑계 없는 무덤은 없다고 하지 않던가. 실속을 차리는 것도 매우 중요하다.

이외에 경상수지 적자폭의 감축을 위해서는 유리한 환경조성이 또한 병행되어야 한다. 말하자면 원자재-에너지-소비물자의 절약, 수입상품을 덜 쓰는 일, 외화의 절약 등을 하지 않고서는 못 배기는 환경조성이 아울러 추진되어야 한다. 이때 그런 환경을 조성하는 데 있어서는 언론기관이 주도적인 역할을 해야 한다. 이와 관련해서는 영국의 유명한 경제학자인 알프레드 마샬이 행한 일이 인상적이다.

그는 부의 분배의 불평등을 시정하는 방법으로서 실업가가 「경제기사도(經濟騎士道)」에 투철할 것을 제창했다. 그러나 그러면서도 그는 실업가의 도의의 고양에만 기대해서는 충분한 효과를 거두기 어려우므로 올바른 여론의 형성과 조직화에 의해서 실업가가 경제기사도에 투철하지 않고서는 못 배기도록 하는 환경의 조성이 중요하다는 점을 강조했던 것이다.

(1984. 7. 18. 《조선일보》)

경제개발전략

　보통 경제적 저개발상태는 「1인당 국민소득의 저위(低位)」로 그리고 경제개발은 「1인당 국민소득의 증가」로 여겨지는 것 같다. 따라서 자연히 경제개발과 경제성장은 동의어(同義語)로 받아들여지고 있는 것 같다. 원래 1인당 국민소득의 증가는 경제성장으로 삼아져 왔다고 할 수 있기 때문이다. 그렇다면 경제개발의 전략은 곧 경제성장의 촉진을 핵심으로 하는 것은 당연한 논리의 귀결이라고 할 수 있다.

　경제성장의 촉진을 위해서는 한편으로는 투자의 증가가 필요하고 다른 한편으로는 수요(需要)의 창출이 필요하다. 그런데 오늘날의 저개발국은 대개의 경우 자본이 부족하고 전반적인 빈곤으로 인해서 국내수요가 제약을 받고 있는 것이 상례(常例)이다. 따라서 저개발국에서는 경제성장의 촉진을 위해서 외국자본과 해외시장(즉 수출)에 주로 의존하는 것은 불가피한 일로 인식되어 왔다고 해도 무방하다. 이에 더해서 1950년대에 중남미(中南美)의 저개발국에서 추진되었던 수입대체(輸入代替)를 통한 경제개발이 한계에 직면한 것도 이런 인식을 더욱더 공고하게 만든 면이 있다고 할 수 있다.

　물론 이 외자와 수출에 기반을 둔 경제성장 촉진의 경제개발전략도 무엇을 수출하는가에 따라서 두 가지 유형으로 나누어 볼 수 있다. 첫째 유형은 공업원료가 되는 1차산품(석유, 고무 등)의 수출을 통한 경제성장 촉진의 전략이고 둘째 유형은 경공업제품과 일부 중화학공업 제품을 주로 하는 2차산품의 수출을 통한 경제성장 촉진의 전략이다. 대체로 자원잉여·노동부족 저개발국을 첫째 유형에 그리고 자원부족·노동잉여 저개발국은 둘째 유형에 의존하고 있다고 할 수 있다.

이 양자 가운데에서 첫째 유형의 한계는 이미 명백히 드러났다고 해도 과언(過言)이 아니다. 자원보유국 내지 산유국(産油國)의 경험이 그것을 잘 증명해 주고 있기 때문이다. 자원보유국의 경험을 통해서 알 수 있듯이 자원의 수출이 주도하는 경제성장은 세계 자원시장의 수요 패턴의 변화와 자원보유량의 고갈로 제약을 받게 되어 있으며 또 산유국의 예에서 알 수 있듯이 석유의 수출이 주도하는 경제성장은 석유부문의 급속한 성장의 영향이 다른 부문에 제대로 파급되지 않고 있을 뿐 아니라 경제성장의 이익이 선진국의 석유재벌과 국내 일부 계층에게만 주로 귀속되고 대부분의 국민들에게는 적하(滴下)되지 않는 등의 문제를 야기하고 있기 때문이다.

이에 대해서 둘째 유형의 한계는 아직 명백히 드러나고 있지 않은 편이라고 할 수 있다. 그것은 주로 이 전략이 1960년대 이후에 와서야 몇몇 저개발국에서 본격화된 관계로 그 기간이 비교적 짧은 데다가 사례연구가 충분히 이루어지지 못함으로써 아직은 그것에 관한 일반화된 논의가 불가능한 데 기인한다. 따라서 이 유형을 채택하고 있는 전형적인 나라인 한국, 대만, 홍콩, 싱가포르 등에 대한 단기간의 부분적인 사례연구를 통해서 이들의 경제개발이 성공적이라든가 나아가서 이들 다른 저개발국들이 따르지 않으면 안 되는 가장 모범적인 것이라든가 하는 몇몇 선진국 경제개발론자들의 주장은 성급한 일반화라고 하지 않을 수 없다.

그런가 하면 이들 선진국 경제개발론자들은 소위 주류경제학 (主流經濟學)에 입각하는 경제개발론(주류경제개발론)의 주장자이기도 한데 사실은 이 이론에는 다음과 같은 한계가 있다.

첫째로 경제발전을 경제성장과 동일시하고 있다. 이것은 서구 미국 등의 선진국의 경제발전 과정에서 유출된 경제발전 개념을 보편적인 것으로 오해한 데 기인한다고 할 수 있다. 즉 오랜 기간에 걸쳐서 점진적으로 근대적 사회구조를 형성한 선진국에서는 경제발전과 경제성장은 동일한 내용을 갖는 것으로 되었다. 그러나 선진국과 이질적인 사회구조를 갖는 저개발국에서는 양자는 동일한 것이 될 수 없으며 경제발전은 총체적인 사회구조의 변혁을 그 전제조건으로 한다. 따라서 저개발국에서의 경제성장은 그것이 사회구조의 변혁을 전제하지 않는 한 진정한 경제발전이 될 수 없다. 둘째로 내자(內資)와 외국자본을 구별하지 않는다. 주류경제개발론에서는 자본의 사회적 중립성을 가정하며 그것을 물적 속성(屬性)에서만 파악함으로써 국적 등의 차이에 따른 자본의 질적 성격차가 무시된다. 그 결과 자본이 부족한 저개발국에서는 외국자본의 도입은 불가피할 뿐 아니라 그 자본은 보다 고도의 기술을 수반하기 때문에 바람직한 것으로 여겨진다. 그러나 자본의 사회적 기능도 동일시하는 것은 타당하지 않다고 할 수 있다. 외국자본은 내자와 달라서 국내에서 창출된 이윤의 해외유출을 초래한다. 그리고 최근의 한 연구에 의하면 그것은 시간의 흐름에 따라서 저개발국의 외자의존성(外資依存性)을 심화시킨다고 한다. 셋째로 국내분업의 중요성을 간과하고 국제분업(國際分業)의 의의를 강조한다.

즉 비교생산비설에 따라서 비교우위(比較優位)를 갖는 상품생산에 특화하여 수출하고 그렇지 않은 상품은 수입에 의존하도록 하는 것이 바람직하다는 국제 비교우위 원리를 중시한다. 그러나 1차산품이 2차산품에 대한 교역조건(交易條件)이 19세기 말 이후 계속해서 악화되어 왔다는 역사적인 예에서도 짐작할 수 있듯이 국제분업은 결코 저개발국에게 유리한 결과를 초래한다고 할 수 없다. 실제로 교역의 결과 저개발국으로부터 선진국으로 막대한 이윤이 유출되고 그 결과 저개발국의 국제수지 악화가 초래되고 있다.

이러한 주류경제개발론의 한계는 그것이 서 있는 전제(前提)에 기인한다고 할 수 있다. 그 전제는 다음과 같다. 첫째로 경제발전은 여러 계기적(繼起的)인 단계를 거치면서 실현되는 것이며 오늘날의 저개발국은 선진국이 이미 오래 전에 거쳐 온 어떤 발전단계에 머물러 있다. 둘째로 저개발국의 저개발은 오직 그 나라 자신(내부)의 경제적, 정치적, 사회적, 문화적 특징들의 반영 혹은 산물(産物)이다. 셋째로 저개발국은 서로 고립되어 나름대로의 역사와 구조를 갖고 있는 두 부문으로 구성되어 있고 그중 한 부문만이 선진국과의 접촉으로 발전하였고 그중 한 부문은 그것과 고립되어 저개발상태에 있다.

그러나 이 전제는 오늘날의 저개발국의 과거나 현재는 결코 선진국의 과거나 현재와 동일시할 수 없는 독자적인 것이라는 점, 저개발국의 저재발 상태는 식민지 종속의 결과이며 따라서 그것의 근본적인 원인은 선진국과 저개발국 간에 존재해 온 과거와 현재의 여러 관계에 내재(內在)하는 것이라는 점, 최근의 연구에 의하면 선진국자본은 다른 한 부문에도 침투하여 관련을 맺어 왔다고 하는 점에서 잘못된 것이라는 비판을 받고 있다.

이렇게 보면 잘못된 전제에 서 있기에 주류경제개발론은 그에 따른 한계를 갖지 않을 수 없으며 따라서 그것이 뒷받침해 주고 있는, 외자와 수출(둘째 유형)에 기반을 둔 경제성장촉진이라는 경제개발전략에도 한계가 있을 수밖에 없다는 결론이 나올 수 있을 것이다.

현재 한국 경제는 여러 가지로 어려움을 겪고 있다. 따라서 한국 경제에 대한 비관론도 크게 대두되고 있다. 낙관론이 옳은지 비관론이 옳은지는 시간이 해결해 줄 것이다. 그러나 분명한 것은 이제까지 채택해 온 경제개발전략에 대해서는 실증적인 면에서뿐 아니라 이론적인 면에서도 강력한 비판이 대두되고 있다는 사실이다. 따라서 이런 점을 감안할 때 우리나라의 경제개발전략을 재검(再檢)해 보는 것은 절실한 일이라고 아니할 수 없다.

(1985. 6.《財政》)

企業家의 要件

　미국의 조세프 슘페터처럼 경제발전에 있어서 기업가의 역할을 강조한 경제학자도 없을 것이다. 물론 오늘날 선진국의 다른 경제학자들도 그에 못지않게 기업가의 역할을 중시하고 있다. 아마 이것은 오늘날, 선진국의 대부분이 정부의 주도적인 역할 없이 경제발전을 해 온 데 기인하리라.

　그런데 내가 기업가와 관련해서 항상 생각하고 있는 것에 세 가지가 있다. 하나는 지이 도표(Z. chart)이고 다른 하나는 일제시대에 있었던 일본의 모대학의 학장(우리나라의 경우 총장)의 일화(逸話)이고 또 다른 하나는 기업의 사회적 책임에 대한 올바른 인식이다.

　지이 도표는 한 도표 속에 (A) 1일, 1주일, 1개월과 같은 1단위기간 내의 판매량·생산량 등을 표시하는 동시에 (B) 연초 혹은 월초로부터 판매량 누계(累計), 생산량 누계 등을 표시하고 또 (C) 과거 1년간 혹은 과거 1개월간의 판매량 합계·생산량 합계 등을 표시하는 도표를 말한다. 그 성질상 (B)의 선과 (C)의 선은 1년 말 혹은 1개월 말에는 반드시 만나게 된다. 한 나라의 경제가 정상적인 상태에 있고 그 기업이 보통의 경영상태에 있다고 하면 (C)는 급격한 상향·하향의 선으로는 되지 않으므로 (B)의 선과 (C)의 선은 「＞」자형이 되며 (A)의 선은 그 하부를 「－」자형으로 횡단하므로 전체 모양이 「Z」자형으로 된다. 지이 도표라고 불리는 것은 바로 이에 기인한다. 이에서 알 수 있는 바와 같이 이 지이 도표는 상품의 판매량·생산량 등을 표시하여 최근의 성적을 보는 동시에 전체의 경향이 발전적인가 후퇴적인가를 판단하는 데 매우 편리한 도표이다.

일본 모대학의 학장에게는 여러 가지 일화가 많지만 여기서는 그중의 하나만을 들기로 한다. 이 학교 경제지리 담당의 모교수와 관련된 일이다. 그 교수는 부임 초부터 병을 앓게 되어 한 번도 강의를 하지 못한 채 병상에 누워 버렸다. 그 당시에는 보통 3개월 쉬면 휴직(休職)이 되어 감봉(減俸)되게 되어 있었다. 그러나 그 교수에게는 3개월이 지나도 또 반년이 지나도 봉급 전액이 부쳐져 왔으며 결국 1년 동안 그것이 계속되었다.

그런 일도 있고 해서 1년 만에 병상을 떠나 등교한 그 교수는 학장 앞에 가서 미안해하는 자세로 『건강도 회복되었으므로 이제부터는 하루도 쉬지 않고 강의를 열심히 하겠습니다』라고 말했다. 학장으로부터 약간의 꾸지람을 듣지 않을까 하고 걱정을 하고 있자니까 학장은 『○○교수 자신 있습니까. 건강이 무엇보다도 중요하므로 무리를 하지 않는 것이 좋을 것입니다』라고 부드러운 목소리로 위안의 말을 던졌다. 『아닙니다. 의사가 완쾌되었다고 보증하고 있으므로 이제부터는 열심히 근무해서 1년간 쉰 것을 보충하겠습니다』라고 그 교수는 더욱더 미안해했다. 그 다음날 그 교수에게 학교 서무과로부터 『긴급히 출두하라』는 속달편지가 날라들어 왔다. 그 교수는 무슨 일인가 하고 무거운 마음으로 학교로 나갔다. 그랬더니 뜻밖에도 『1개월간 ○○으로 출장을 명함』이라는 출장명령서가 나와 있지 않은가. 3일간이라든가 1주일간이면 몰라도

1개월간의 출장이라는 것은 도시 있을 수 없는 일이다. 무리하지 말고 휴양을 하고 오시오 하는 함축된 의미가 담겨져 있는 셈이다. 그 교수는 그날 밤을 뜬눈으로 지새웠으며 이런 학장 밑에서라면 목숨을 바쳐서라도 일을 해야 하겠다는 결의를 단단히 했다고 한다.

기업의 사회적 책임은 우리나라에서도 논의되어 온 지 오래다. 대체로 기업의 사회적 책임을 묻게끔 만드는 것은 폭리, 공해(公害) 발생, 불량상품의 제조·판매 등의 현상 때문일 것이다. 뿐만 아니라 원칙적으로 기업의 사회적 책임에 대한 논의라는 것은 많은 기업이 대규모화하고 독과점적(獨寡占的) 지위를 느낄 수 있게 됨으로써 사회에 미치는 영향력이 커지면 커질수록 우리에게 실감을 주는 것이 된다.

그러면 오늘날에 있어서 기업의 사회적 책임은 무엇이라고 할 수 있는가. 물론 자본주의사회에 있어서, 기업의 동기는 이윤추구이고 그 목표는 부단한 자기확대(自己擴大)라는 것은 널리 알려져 있는 사실이라고 할 수 있다. 그러나 비록 그렇다고 하더라도 그 책임은 일반적으로는 값싸고 품질 좋은 상품과 서비스를 생산하여 공급하는 것이고 특히 우리나라에서는 정부의 특혜적 지원 없이도 국제적 경쟁력의 강화를 통해서 수출을 확대하고 나아가서 경제성장·고용증대 등에 기여할 뿐 아니라 더 나아가서 경제성장에의 기여라는 명분하에 저임금(低賃金)의 지속을 추구하는 일 등을 지양하는 것이 아닌가 생각된다. 그리고 사회적 책임을 다하기 위해서는, 기업은 경영합리화 노력의 극대화(極大化)를 추구해야 할 것이다. 물론 여기서 말하는 경영합리화 노력은 다음을 주된 내용으로 하는 것이다.

㉠ 연구개발을 위한 적극적인 투자 → 기술향상 → 생산성향
상. 생산성향상은 품질향상·원가절하를 통해서 국제경
쟁력의 강화 → 수출확대를 가능하게 한다.

㉡ 금융비용·영업의 비용의 절감. 각종 비용의 절감은 한
편으로는 원가절하 → 가격하락을 가능하게 하고 다른
한편으로는 자금압박의 완화 → 타인자본에의 의존도 저
하(재무구조개선)를 가능하게 한다.

㉢ 주식공모를 통한 자금조달(직접금융). 직접금융은 자금
압박의 완화 → 타인자본에의 의존도 저하를 가능하게
한다.

㉣ 적극적인 국제적 마케팅 활동. 마케팅 활동은 해외시장
의 개척 → 수출확대를 가능하게 한다. 마케팅 활동은
품질 및 가격과 함께 국제경쟁력을 구성한다.

㉤ 경영자에 대한 교육강화. 교육의 강화는 경영자의 안목
을 넓히며 경영능력을 강화함으로써 새로 직면하게 되
는 문제 혹은 경영상의 여러 가지 애로의 타개를 가능
하게 한다.

이때 이런 다섯 가지를 주 내용으로 하는 경영합리화 노력
의 극대화를 자진해서 추구하는 기업가의 사기를 북돋우어 주
기 위해서는, 정부는 기업에 의한 경영합리화 노력을 적극적
으로 지원하는 한편, 경영합리화 노력을 소홀히 하거나 횡포
를 부리는 기업에 대해서 철저히 법적 규제와 단속을 행하도
록 해야 할 것이며, 또 소비자는 감시자로서의 역할을 철저히
행하면서 고발하고 저지하는 일에 적극적으로 참여해야 할 것
이다.

이상의 세 가지 외에도 진정한 기업가가 되기 위해서 갖추

어야 할 요건은 많을 것이다. 그러나 적어도 이 세 가지가 암시하는 것 즉 항상 기업의 부분과 전체를 함께 보는 눈, 무언(無言) 중에 자기 종업원을 특별히 보살피는 마음가짐과 따뜻한 정으로 대하는 자세, 경영합리화 노력의 극대화 추구가 곧 기업이 사회적 책임을 다하는 것이라는 인식을 기업가가 가진다면 반드시 그 기업은 흥할 것이며 또 사회의 칭송도 틀림없이 받을 것이다. 바람직한, 진정한 기업가는 바로 이런 기업가를 말한다. 장차 기업가가 되고자 하는 사람들은 이 점에 특별히 유의할 필요가 있을 것이다.

어떻든 이제는 사이비(似而非) 기업가의 등장도 있어서는 안 되며 또 민간주도형 경제로의 전환을 외치면서도 정부의 특혜적 지원에 의존하려는 기업가도, 수출확대·고용증대에의 기여, 나아가서 경제성장에의 기여라는 명분하에 근로자와 소비자를 우롱하는 기업가도 있어서는 안 될 것이다. 진정한 기업가만이 발붙일 수 있어야 할 것이다.

(1984. 10.《財政》)

原點으로의 回歸

　1930년대 이후 경제학에 있어서도「과학은 측정(測定)이다」
라는 표어가 내걸어지기 시작했다. 이것은 애매하고 비체계적이
고 불확정적이고 조잡한 상식에 대해서 과학이 명료하고 체계적
이고 확정적이고 정확하지 않으면 안 된다는 것을 강조한 것이라
고 할 수 있다.

　바로 이 표어를 내걸고 등장한 것이 계량경제학(計量經濟
學)이다. 그러나 이 계량경제학을 주장하는 학자들이라고 해도
경제이론에 있어서는 상당한 견해차를 갖고 있는 것이 사실이
다. 그러나 그들은 경제이론을 통계학 및 수학과의 관련하에서
전개하려고 하는 점에서는 공통점을 갖고 있다.

　따라서 계량경제학이 무엇인가에 대해서는 여러 가지 설이
있겠지만 그것이「경제이론, 통계학 및 수학의 3자의 종합을
목표로 하는」경제학의 한 분야라는 것만은 확실하다고 할 수
있다.

　사실 계량경제학회의 기관지인《이카노메트리카》에 실린 R.
프리쉬의 창간사를 보아도『……모름지기 경제학의 수량적 접
근에는 약간의 국면이 있으며 이들 국면의 어느 하나도 그 자
체로서는 계량경제학과 혼동되어서는 안 된다. 이리하여 계량
경제학은 결코 경제통계학과 동일하지 않다. 또 그것은 우리가
일반경제이론이라고 부르는 것과도 동일하지 않다. 비록 이 이
론의 대부분이 결정적으로 수량적 성질을 갖고 있다고 해도 그

러하다. 그리고 또 계량경제학은 경제학에의 수학의 응용과 동의어(同義語)로 생각해서도 안 된다. 경험이 표시하는 바에 의하면 이들 세 가지 관점 즉 통계학, 경제이론 및 수학의 각각은 현대 경제생활에 있어서의 수량적 관계의 진정한 이해를 위한 필요조건이기는 하지만 충분조건은 아니다. 분명한 것은 이들 세 가지의 종합이다. 그리고 계량경제학을 구성하는 것은 이 종합이다.……』로 되어 있다. 또 H. M. 삼머즈도 『그(계량경제학자)는 경제이론가가 아니면 안 되며, 그는 수학자가 아니면 안 되고, 또 그는 통계학자가 아니면 안 된다』고 말하고 있다.

계량경제학은 앞에서 말한 것처럼 1930년대에 등장했다. 물론 그 이전에 이미 선구적인 연구가 행해진 것은 사실이다. 그러나 본격적인 연구가 행해진 것은 무어니 해도 그 당시 지배적인 경제학이었던 L. 왈라스 류(流)의 일반균형이론(一般均衡理論)의 추상성(抽象性), 즉 측정 없는 이론의 지양과 일반균형이론의 추상성에 대한 반발로서 받아들여질 수 있는 미국의 통계적 실증론 내지 경제통계학의 무리론(無理論) 즉 이론 없는 측정의 지양이라는 1920년대의 두 가지 시대적 요청에 호응해서 1930년 12월에 계량경제학회가 결성을 본 이후의 일이라고 할 수 있다. 앞에서 행한 정의에서 알 수 있듯이 계량경제학은 바로 이론 있는 측정(measurement with theory)을 지향하는 것이기 때문이다. 그후 계량경제학은 현재 선진국에서 발간하고 있는 각종의 경제잡지에서 계량경제학적인 연구논문을 찾아볼 수 없는 일이 거의 없을 정도로 눈부신 발전을 거듭해 오고 있다. 또 그런 경향은 후진국에서도 점차 강화되고 있기도 하다.

　그러면 그것은 무엇에 기인한다고 할 수 있는가. 주로 경제 정책의 수립 내지 평가에 기여한다는 계량경제학의 용도에 기인한다고 할 수 있다. 우리는 그 예를 우리나라에서 행해지고 있는 각종의 경제예측에서 찾아볼 수 있다. 그러나 계량경제 학은 이 외에도 통계기술적(統計記述的)인 경제법칙의 발견과 경제이론의 통계적 검증이라는 용도를 갖고 있다. 따라서 이들 용도도 계량경제학으로 하여금 오늘날처럼 눈부신 발전을 거듭하게 만든 원인의 하나라고 할 수 있다. 그러나 무어니 해도 그것의 주원인은 경제정책의 수립 내지 평가에 대한 기여라는 용도에 있는 것이다.

　이제 계량경제학과 경제정책의 관계를 좀더 명백히 하는 의미에서 계량경제학의 정책적 응용의 방향에 대해서 간단히 언급하면 다음과 같다. 우선 정치적으로 (1) 정책의 대강(大綱)이 결정되어 목표의 종류와 목표치, 예컨대 (ㄱ) GNP의 대전년비 7% 성장과 (ㄴ) 물가의 2 내지 3% 상승이 들어졌으며 또 수단의 종류 예컨대 공공투자가 결정되었다고 하자. 경제정책의 주임무는 다음의 (2)에서 (7)까지의 단계이다.

　우선 알맞은 경제이론을 적용하여 (2) GNP물가 공공투자에 관한 방정식 체계 즉 모델[模型]을 만든다. 다음에 최소자승법(最小自乘法) 등의 계산방법 중에서 가장 적당한 방법을 이용하여 (3) 패러미터(媒介變數) 치를 산정한다. (4) 정책을 변경시키지 않은 채로 장래의 예측을 행한다. (5) 이 예측치를 정치적으로 결정된 목표치와 비교한다. 예측치가 5%라고 하면 목표치는 7%이므로 목표괴리치는 2%가 된다. 따라서 정부가 적극적으로 성장정책을 추진하여 2%를 보충하지 않으면 정책목표는 달성 불가능이 되는 셈이다. 그러므로 (6) 목표괴리치를 보충하는 데 필요한 수단변수(手段變數)를 움직이는 방법과 조작범위를 결정한다. 끝으로 (7) 이에 의거하여 장래의 예측을 행한다. 이와 같이 (2)에서 (7)까지의 단계를 거쳐서 전반적인 검토를 행하면 정책목표를 달성하는 데 필요한 조치를 결정할 수 있으며 전체로서 밸런스가 취해져 모순 없는 정책이 결정될 수 있게 된다.

불과 50여 년의 역사밖에 갖지 않으면서도 그 동안 눈부신 발전을 거듭해 오고 있는 계량경제학의 위력은 이번 미국의 MIT에서 개최된 계량경제학회의 제5차 세계회의에서도 절실히 실감할 수 있었다. 5년마다 개최키로 하여 1965년 9월에 로마에서 제1차 세계회의가 개최되었으므로 이번이 제5차가 되는데 세계 각국에서 1,000여 명의 유명 학자들이 참석하여 8월 18일에서 24일까지 사이의 6일간(8월 20일은 휴회) 그야말로 알찬 발표와 토론을 벌였다. 수적으로 보아 또 공산권 각국에서도 다수 참가했다는 면에서 보아 가히 세계회의라고 할 수 있었다. 이 회의에서는 국내학자는 아니지만 외국에서 활약하고 있는 한국인 학자들의 발표도 있었다.

그러나 제1차 회의와 1970년 9월에 영국의 케임브리지 대학에서 개최되었던 제2차 회의가 경제학적인 성격을 띠었고 또 회의에 계량경제학의 창시자들, 경제학의 거목(巨木)과 대가들이 대거 참석했는 데 비해서 이번 회의는 어딘지 수리경제학적 내지 통계학적인 성격을 띠었고 또 회의에는 계량경제학과 경제학의 제2세들이 참석한 감이 있다.

20년의 세월이 흘렀으므로 계량경제학의 창시자, 경제학의 거목과 대가는 사망했거나 노쇠했으므로 그들 모습을 볼 수 없는 것은 어떻게 보면 당연한 일이라고 할 수 있을는지 모르지만 경제학적인 성격이 퇴색해 가는 회의의 분위기에 대해서는 서운한 감을 피할 수 없었다. 원래가 계량경제학은 통계학, 경제이론 및 수학의 3자의 종합을 지향하는 경제학의 한 분야라고 해도 자칫하면 경제이론과 수학의 결합인 수리경제학이나 방법론으로서의 통계학에 치우치는 과오를 범하기 쉽게 마련인데 바로 그것을 이번 회의에서 직접 목격한 듯한 감이 들었기 때문이다.

어디까지나 계량경제학과 관련해서는 계량경제학을 등장시킨 1920년대의 시대적 요청을 항상 상기할 필요가 있다. 그 요청을 이론과 현실의 조화, 다시 말하면 이론 있는 측정 바로 이것이었던 것이다. 아니 그것은 오늘날에 있어서도 마찬가지로 시대적 요청인 것이다. 그런 의미에서 계량경제학자들의 연구방향은 어디까지나 경제학적인 성격을 띤 것이어야 한다는 것을 강조하고 싶다. 이것은 계량경제학의 선구자들의 생각을 재생(再生)시키는 것이기도 하다. 이런 나의 강조는 우리나라의 계량경제학적 연구자들에게도 그대로 적용됨은 말할 나위도 없다.

(1985. 9. 4.《財政》)

어느 왕자의 이야기

독일의 통계학자인 E. 바게만의 《통계의 도화경(道化鏡)》(1935)이라는 책에는 재미있는 통계에 관한 이야기가 실려 있다. 그것은 다음과 같다.

유럽의 어떤 작은 왕국(王國)에 지독하게 인색한 왕이 있었다. 이 왕에게는 아름다운 귀염둥이 공주가 있었다. 그 공주도 이미 나이가 찼으므로 이웃나라의 왕자나 귀족청년 가운데서 사윗감을 고르게 되었는데 프로포즈해 오는 후보자에게 왕은 직접 대면을 해서 『그대 나라의 국력은 앞으로 5년 후에는 얼마만큼 신장하리라고 전망하는가 숫자로 대답하라』는 질문을 하고 있었다. 물론 그 왕이 마음에 드는 답변을 하는 후보자를 택하기로 하고 있은 것은 말할 나위도 없다.

거기에 어떤 자신에 찬 한 왕자가 나타났다. 왕으로부터의 이 질문에 답해서 왕자는 다음과 같이 자기 나라의 국력의 전망을 계산해 보았다.

『우리나라의 산업은 농업과 광업의 두 가지입니다. 현재를 100으로 하면 광업은 5년 후에 반인 50으로 될 것이 예상되지만 농업은 3배인 300으로 예상되므로 전체로서는 평균해서 175가 되어 75퍼센트의 국력 증가가 예상됩니다. 공주를 저에게 주십시오.』

이 말을 듣고 있던 왕은 원래가 계산에 능한 사람답게 즉석에서 다음과 같은 역(逆) 계산을 하여 왕자의 전망을 뒤집

어 버렸다.『물론 자네의 계산에 의하면 자네 나라는 장차 신장하는 나라처럼 보이지만 나의 계산법에 의하면 그렇지는 않고 거꾸로 장차 쇠퇴하는 것으로 되네. 자네는 현재를 100으로 했지만 나는 5년 후를 100으로 하고 거꾸로 현재의 크기를 계산해 보았네. 그러면 현재의 농업은 33.3이 될 것이고 광업은 200이 될 것일세. 이것을 평균하면 현재가 116.7인데 대해서 5년 후는 100이 되는 셈이네. 그런 나라에는 나의 귀염둥이 공주를 줄 수 없네.』

공주는 이 대담을 곁듣고 있었는데 어찌된 셈인지 부왕(父王)의 역습을 슬프게 생각하면서 이 왕자의 프로포즈가 성립되기를 바라고 있었다. 그래서 면담 실패를 안 공주는 급히 자기의 유모에게 구원을 청했다. 유모는 생각 끝에 늘상 궁정을 드나드는 마술사를 불러들여 급한 장면을 타개하기로 했다. 불려 들어온 마술사는 다음과 같이 말했다.

『잠깐만 기다리십시오. 임금님과 왕자님의 계산은 정반대의 결과로 되어 있는 것 같지만 제가 보기에는 실은 같으며 결국 왕자님의 나라는 현재를 100으로 할 때 5년 후에는 122.5로 국력이 신장합니다. 농업과 광업의 숫자를 합친 것을 2로 나누지 않고 곱한 것을 2로 열면 그렇게 됩니다.』(여기서 2로 연다는 것을 평방근 내지 제곱근을 구한다는 것을 말한다)

계산에 능한 왕은 이 마술사의 설명을 듣고서도 아직 납득을 하지 않았다. 비록 그 계산에 의하면 왕자의 나라는 100에서 122.5로 신장하게 된다고는 해도 5년 걸려서 실현되는 경우 22.5퍼센트의 국력신장으로는 부족하다는 생각이 들어서였다.

그래서 제2의 구원자가 유모에 의해서 불려왔다. 이번에는 정직한 양치기이었다. 양치기는 지금까지의 사정을 듣고 거꾸로 『나에게는 세 분의 계산처럼 어려운 계산은 잘 모릅니다. 그러나 무엇보다도 알고 싶은 것은 처음에 왕자님이 현재를 100으로 한 그 실제의 크기는 도대체 얼마이었습니까』하고 질문을 했다.

이 실액(實額)은 농업 5억 마르크, 광업 1억 마르크임을 곧 알 수 있었다. 『그러면 현재의 왕자님의 나라는 도합 6억 마르크의 생산량이 있는 셈이며 5년 후에는 농업은 3배가 되어 15억 마르크, 광업은 반의 0.5억 마르크 도합 15.5억 마르크가 되므로 그 신장률은 288이 됩니다.』 양치기가 이렇게 설명을 드리자 계산에 능한 왕도 5년 사이에 2배 반 이상으로 국력이 신장하게 되는 것을 알고서 비로소 공주를 이 왕자에게 줄 것을 허락했다. 이상이 바게만의 통계에 관한 이야기의 줄거리이다. 이 이야기의 핵심은 네 사람의 등장인물에게 동일한 농업 3배 증(增), 광업 반감(半減)이라고 하는 자료를 사용하게 하여 네 가지 상이한 방법으로 평균 신장률을 계산시키는 데 있는데 통계방법상의 용어로 말하면 왕자와 왕은 기준을 반대로 취하면서 산술평균으로, 마술사는 기하평균으로, 양치기는 소위 총화법지수(總和法指數) 형식으로 각각 계산을 행한 데 지나지 않는다. 그러면서 맨 끝의 방식으로 계산하는 것이 옳다는 것을 말하려고 한 것이라고 할 수 있다.

그러나 만약 왕자의 계산에 현재 시점의 금액가중치(金額加重値)인 농업 5억 마르크와 광업 1억 마르크 즉 5와 1을 100과 300에 곱해서 계산하면 양치기의 계산결과와 일치하며, 왕의 계산도 또 5년 후의 금액가중치인 15억 마르크와 0.5억 마르크 즉 30과 1을 곱해서 계산하면 역시 양치기의 계산결과에 일치하게 된다. 결국 이렇게 보면 왕자, 왕, 양치기의 계산은 잘못을 고치면 동일한 것이 되며 단지 마술사만이 다른 결과를 제시한 셈이 된다. 이 이야기에서 하나의 같은 사실이 계산하는 방법에 따라서 여러 가지 수치로 표현될 수 있음을 알 수 있을 것이다. 바로 이 점 때문에 우리는 통계수치를 이용하거나 판단하려고 할 때 특별히 신경을 곤두세워야 할 필요가 있다. 고의적으로 사실과는 거리가 먼 수치를 계산해서 마치 그것이 옳은 것인양 발표되는 수가 있는가 하면 잘 모름으로 해서 그렇게 되는 수가 있을 것이다. 그러나 사실 혹은 현실은 어디까지나 하나뿐이라는 것을 잊어서는 안 된다. 그런데 불행하게도 통계수치는 말이 없고 또 통계학의 지식은 그 사실 혹은 현실을 제대로 알 수 있게 해주지 못한다. 그것을 알 수 있게 해주는 것은 바로 우리의 건전한 상식, 그 사실 혹은 현실과 관련 있는 학문의 지식인 것이다. 따라서 제대로 통계수치를 이용하거나 판단하려고 하면 부단히 그런 것들을 갖추기 위해서 노력할 필요가 있다. 이때 날카로운 판단력이 전제가 되기도 하므로 부단히 판단력을 날카롭게 해가는 노력도 뒤따라야 할 것이다.

그리고 적어도 가장 널리 이용되는 산술평균 같은 기본적인 통계에 대해서는 잘 알고 있을 필요가 있을 것이다. 산술평균은 계산하기 쉽고 이해하기 쉽고 편리하기 때문에 평균으로서 가장 널리 이용된다. 그러나 그것에는 추상적인 것이라는 결점과 구성을 은폐해 버리는 것이라는 결점이 있다. 이 결점은 어떻게 보면 결정적인 것이라고 할 수도 있다. 사실 모드(最頻値)나 메디안(中位値)은 구체적인 평균이기 때문에 실재하는 것이 상례이지만 3인의 소득이 90, 0, 0인 경우, 80,

10, 0인 경우, 70, 15, 5인 경우에서 알 수 있듯이 산술평균은 대개의 경우 실재하지 않는 것이 상례이다. 또 이 경우 산술평균은 다같이 30이지만 그 구성은 각각 다름을 알 수 있다. 따라서 예컨대 가계수입(家計收入)의 평균을 낼 때에는 고수입 가계와 저수입 가계 혹은 흑자 가계와 적자 가계를 한데 뭉뚱그려서 계산한 것은 별 의미가 없게 된다. 이때에는 고수입 가계와 저수입 가계 혹은 흑자 가계와 적자 가계로 각각 구분해서 평균을 계산한 것을 아울러 표시할 필요가 있다. 그럴 때 비로소 그 전체평균도 의미를 갖게 되는 것이다. 어떻든 많은 사람들이 적어도 건전한 상식, 관련 있는 학문의 지식, 날카로운 판단력, 산술평균같이 자주 이용되는 기본적인 통계에 대한 지식 등을 갖추기 위해서 부단히 노력할 때 우리나라의 통계도 질적으로 향상되어 갈 수 있다고 말한다면 그것은 과욕(過欲)의 말이라고 할 수 있을까.

(1984. 11.《財政》)

Ⅲ. 부잣집 딸 같은 실업군상

첨단산업 발전과 심각해지는 고용문제

10월 초순에 모(某) 일간신문에 실린 한 기사를 보고 나는 착잡한 기분에 사로잡혔던 일이 있다. 그러면 그 기사의 내용은 무엇이었던가. 제목은 〈로봇 산업 국산화시대로 도약〉이었고 첫머리 구절은 「국내 로봇 산업이 도약단계에 접어들고 있다. 단순 조립생산에 그쳤던 초기단계를 벗어나 로봇의 핵심이라는 컨트롤러(행동 제어장치)의 국산화를 서두르는가 하면 수요확대에 대비, 양산체제를 갖추기에 여념이 없다」이었다.

국내의 기술수준, 수출의 확대, 능률·품질의 향상 등을 생각하면 매우 기쁜 일이지만 고용문제를 생각하면 걱정되는 면이 있으니 자연히 그럴 수밖에 없었다. 로봇은 바로 컴퓨터 등과 함께 마이크로일렉트로닉스(ME), 바이오테크놀러지(생명공학) 등으로 나뉘는 소위 첨단산업의 산물이다. 그러나 바이오테크놀러지는 보통 21세기의 기술로 불린다. 따라서 현재로서는 첨단기술하면 일단 ME로 보아도 무방할 것이다.

그런데 이 ME는 종래와 동일한 생산기능을 유기하기 위해서 필요한 노동력의 투입이 적어도 될 뿐 아니라 성력화(省力化)의 극한인 무인화(無人化)의 가능성을 내포하고 있다. 그리고 그것은 어제까지의 생산기술의 혁신이 공장 현장에 있어서의 혁신에 그치고 있던 데 대해서 생산단계에 있어서 정보처리수단의 변혁을 초래할 뿐 아니라 사무부문조차 그 영향하에 둔다. 바꾸어 말하면 종래에는 생산수단을 사용하기 위해서 필요한 정보처리·전달기능을 사람이 숙련(熟練)이라는 형태로 지니고 있었는데 ME는 정보처리·전달기능을 사람의 역할로 남겨두지 않고 그것을 기계설비 속에 짜 넣어 버린다. ME는 이러한 특성을 갖는다.

따라서 ME는 기술진보 내지 기술혁신→ 성력화→ 고용의 둔화라는 관계를 성립시킨다고 할 수 있다. 그리고 그것은 한편에서는 숙련의 해체(解體)를 초래하면서도 다른 한편에서는 전자공학적 이론을 이해하고 전자공학적 기구를 관리할 수 있는 고도의 지식을 갖는 사람만이 생산의 현장에 남을 수 있도록 한다고 할 수 있다. 즉 ME는 질적으로는 고도의 지식을 갖는 인간노동만을 살아남게 하면서 양적으로는 인간노동에 의존하는 정도를 매우 적게 만들어 간다고 할 수 있다.

그렇다면 ME화는 과잉인구를 갖고 있는 저개발국(低開發國)에게는 심각한 고용문제를 야기하거나 가중시킬 가능성이 크다고 할 수 있을 것이다. 사실은 그렇지 않아도 노벨경제학상 수상자인 미국의 W. W. 레온티에프도 지난 4월에 있은 일본에서의 한 강연에서 컴퓨터화, 오토메이션화(즉 ME화)에 의해서 경제의 성장 내지 발전에 따라서 취업인구에서의 제3차산업(특히 서비스산업)의 비중이 커진다고 하는 경향(이것은 페티의 법칙 내지 페티·클라크·피셔의 법칙 혹은 쿠즈네츠의 법칙의 내용을 이룬다)은 끝을 고할 것이며 또 저개발국은 공업화를 추진해도 그다지 고용을 창출할 수 없다고 하는 고경(苦境)에 빠지고 있다고 말한 바 있다. 이것은 그가 특별히 작성한 산업연관표(産業聯關表)를 이용하여 컴퓨터화, 오토메이션화가 진행된다고 하는 상황하에서 미국 경제와 저개발국 경제가 2000년까지 사이에 각각 어떻게 신장하는가를 예측한 결과에서 얻어진 결론이다.

우리나라는 고용문제로 고민하고 있는 나라의 하나인 것이 사실이다.

그런데 ME화의 예견되는 결과가 고용 둔화라고 한다면 비록 아직은 그 영향이 나타나지 않았다거나 덜 심각하다고 해서 안일하게 생각하는 일이 있어서는 안 될 것이다. 도리어 지금부터 그 영향을 심각하게 받아들여서 사전에 슬기롭게 대처해 갈 방안을 모색해 가는 것이 바람직하다고 할 수 있지 않을까 생각된다. 이때 가능한 한 인간노동을 생산의 현장에 남기려고 하는 노력이 전제가 되어야 함은 말할 나위도 없다. 어떻게 하면 인간노동을 생산의 현장에 덜 남기는가 하는 관점에서의 ME화에의 대응은 장기적으로 볼 때 잘못 선택된 대응이라고 할 수 있다. 이 점은 ME화로 고용문제가 심각하게 되었을 때 겪을 어려움을 예상할 때 또 정부의 정책대응에 대한 이제까지의 경험에 비추어볼 때 특히 강조될 필요가 있을 것이다.

결국 이렇게 보면 앞으로 모색되어야 할 대응방안을 고용둔화의 방지와 수출의 확대, 능률·품질의 향상 등을 양립(兩立)시켜 주는 ME화가 되는 셈이다. 그런 의미에서 이런 관점에서의 고용정책, 수출정책, 수입정책, 산업정책 등 관련 있는 모든 정책의 검토와 재정비는 불가결하며 또 서두를 필요가 있다고 할 수 있다. 그러나 그와 함께 대행의 ME제품 혹은 첨단기술제품은 가능한 한 수출과 연관짓도록 정책적으로 유도하는 것도 또 노사(勞使) 양측의 적극적인 노력도 못지않게 중요함은 말할 나위도 없다. 그리고 세계에서 ME화가 가장 급속하게 추진되고 있는 일본에서의 대응방안을 참고로 하는 것도 필요할 것이다.

일본의 노동성 고용문제정책회의(노사중립의 대표자 모임임)는 지난 4월 25일에 〈고용문제에 있어서의 마이크로 일렉트로닉스화에의 대응방안에 대해서〉를 마련해서 노동장관에게 제언했는데 그 속의 「ME화에의 대응의 5원칙」을 보면 다음과 같다.

첫째, 실업자를 발생시키는 일이 없도록 고용의 안정, 확대에 노력할 것.

둘째, 노동자의 부적응(不適應)을 초래하는 일이 없도록 노동능력의 향상에 노력할 것.

셋째, 노동 재해(災害)의 발생, 노동조건의 저하를 초래하는 일이 없도록 노동복지의 향상에 노력할 것.

넷째, 노사간의 의사소통이 충분히 도모되도록 산업, 기업, 직장 레벨에서의 구체적인 문제에 관한 협의 시스템의 확립에 노력할 것. 또 내셔널 레벨에서도 정노사(政勞使) 간의 의사소통의 촉진에 노력할 것.

다섯째, 국제 경제사회의 발전에 기여하도록 국제적 시야에선 대응에 노력할 것.

어떻든 수출의 확대, 능률·품질의 향상 등만을 생각해서 무턱대고 ME화를 추진해 가다가 심각한 고용문제에 봉착하여 허둥대는 일이 없도록 지금부터라도 사전에 만반의 대응방안을 강구해 갔으면 한다.

(1984. 10. 25. 《週刊每經》)

국내경기 不況 是非

정부와 業界의 異見

현재 국내경기가 좋지 않다고들 한다. 그리고 이를 에워싸고 정부 당국과 업계 사이에 이견(異見)이 있는 것 같다.

사실은 경기가 좋지 않다는 이 말이 나타내는 바가 구구하다는 데에 혼동이 일어날 여지가 많다. 그 말은 어떤 경우에는 실질 GNP 등으로 표시되는 생산 동향 그리고 고용 동향을 기준으로 해서, 그 생산, 고용 등의 증가율이 감소 내지 둔화한 것으로 받아들여지는가 하면, 어떤 경우에는 수익 내지 이윤의 동향을 기준으로 하거나 단순한 수입(收入)의 동향을 기준으로 해서 역시 그 증가율이 감소 내지 둔화한 것으로 받아들여진다. 물론 이때 마이너스 증가율의 의미로도 받아들여진다. 대체로 전자는 거시적(巨視的)으로 보는 경우의 해석이고 후자는 업계 내지 개인의 입장에서 즉, 미시적(微視的)으로 보는 경우의 해석이라고 할 수 있다.

또 그 말은 어떤 경우에는 계절(이에는 자연적 계절과 사회적 계절, 즉 신정, 구정과 같은 사회관습에 기인하는 계절이 포함된다)의 바뀜에 따라서 발생한 것, 혹은 극히 단기적이거나 일시적으로 발생한 것까지도 나타내는 경우가 있는가 하면, 심지어는 단순한 흥청거림이나 들뜬 상태가 가라앉은 것도 나타내는 경우가 있는 것 같다. 그러나 원칙적으로 전자는 경기현상으로 보지 않는 것이 상례이며 또 후자는 도리어 바람직한 일이라고 할 수 있다.

문제는 이에 그치지 않는다. 경기가 좋지 않다고 해서 모든 업종이나 부문이 일률적으로 좋지 않은 것은 아니고, 경기가 나쁠 때에도 경기가 좋은 업종이나 부문은 있게 마련이다. 또 GNP는 하나로 뭉뚱그려진, 다시 말하면 구성(構成)을 은폐하고 있는 집계개념(集計概念)이기 때문에, 작은 비중을 갖는 구성요소의 증가율은 마이너스이면서도 큰 비중을 차지하는 구성요소의 증가에 의해서 증가될 수 있다. 바로 이런 이치에서 경기가 좋은 업종이나 부문이 비중이 큰 것인 경우에는 GNP는 증가될 수 있다.

要因 분석을 철저히

그런가 하면 부동산 투자촉진, 소비촉진, 수출촉진이 일반적으로 경기를 부추기는 대책, 즉 경기부양책으로 사용되지만, 경우에 따라서는 부동산투기로 직결되는 부동산 투자촉진이나, 예컨대 컬러 TV, 에어컨, 냉장고 등의 내구소비재(耐久消費財) 구입의 촉진, 소위 말하는 향락산업의 육성 등을 주 골자로 하는 소비촉진에 주로 의존하는 수가 있을 수 있다는 데에도 문제가 있다. 말할 것도 없이 이때에도 GNP는 증가한다. 그러나 이때 부동산투자를 억제하거나 내구소비자재 구입을 위한 소비자신용의 규제 내지 중단이 있거나 향락산업 등의 규제가 있거나 하면 자연히 부동산투자 둔화, 내수부진이 초래되어 경기는 위축되게 되어 있다. 또 국내산업간의 연관도(聯關度)가 그다지 크지 못한 경우에는 경기부양책의 실시만으로도 수입은 증가하게 되어 있다.

 이에서 우선 정부당국과 업계 간에 이견(異見)이 있을 수 있음을 알 수 있을 것이다. 그리고 현재의 경기에 대한 처방을 제대로 내리기 위해서는 적어도 무엇을 기준으로 해서 경기가 좋지 않다고 했는지, 계절적인 요인 등에 기인하는 현상을 경기현상으로 오인한 것은 아닌지, 비정상적인 흥청거림을 경기가 좋은 것으로 착각한 것은 아닌지, GNP와 같은 집계개념을 지나치게 중시한 것은 아닌지, 어느 특정의 업종 내지 부문을 지나치게 부각시켜서 본 것은 아닌지, 부분적인 과열현상을 마치 전반적인 과열현상인 것처럼 잘못 해석한 것은 아닌지, 경기부양책은 비정상적인 것이 아니었는지 등을 검토해 볼 필요가 있음을 알 수 있을 것이다.

 분명한 것은 우리나라에 있어서는 국내산업의 연관도가 낮은 편이기 때문에, 경기부양책인 부동산 투자촉진, 소비촉진, 수출촉진이 설비투자로 이어져서 경기가 전면적으로 확산하기 전의 상태에서도 급격한 수입증가를 초래하게 되어 있다는 사실이다. 그리고 급격한 수입증가는 수출입차 즉 무역수지의 적자, 나아가서 경상수지의 적자를 확대시키기 때문에 국제수지의 방어의 필요에서 긴축을 불가결한 것으로 만들게 되어 있다. 현재 수입증가로 경상수지 적자가 계획치를 크게 상회하고 있기에 긴축정책을 쓰지 않을 수 없다. 그러기에 업계는 현재의 경기를 냉각현상이라고 주장하면서, 자금을 풀라고 요청하고 있는 것이다. 물론 수출둔화도 경기를 좋지 않게 만든 요인이라고 할 수 있다.

편중대출 없어야

그러나 현재의 경기상태가 업계의 주장대로 냉각현상이든 또 정부당국의 주장대로 과열의 진정이든 그것은 문제가 안 된다. 문제는 어떻게 하면 우리의 경제, 기업, 가계의 체질을 강화시키면서 경제성장을 지속해 갈 수 있느냐에 있다고 할 수 있다. 그렇다면 설사 실제로 경기가 좋지 않다고 하더라도 섣불리 확대정책을 펴려고(혹은 확대정책으로 돌아가려고) 할 것이 아니라, 체질개선을 촉진시킨다고 하는 불황 내지 불경기의 긍정적인 측면을 가급적 살리는 좋은 기회로 삼으려는 노력이 무엇보다도 끽긴한 것이라고 할 수 있지 않을까. 이때 자금배분이 어느 특정 업종이나 대기업에 편중되는 일이 없도록 해야 함은 말할 나위도 없다.

우리는 1980년에 마이너스 5.2%의 경제성장률(실질 GNP증가율)을 경험했다. 즉 험한 불황을 겪었다. 그때까지만 해도 많은 사람들이 경제성장률이 마이너스가 되면 큰 일이 나는 것으로 여기고 있었다. 그러나 매우 어렵기는 했지만 그런대로 경제도 기업도 가계도 이겨내지 않았는가.

또 결코 고도성장(높은 경제성장률)만이 능사는 아니다. 그것은 어디까지나 우리의 경제, 기업, 가계의 실질적인 체질개선을 전제로 할 때, 비로소 진정으로 의의 있는 것이 될 수 있기 때문이다.

(1984. 11. 14. 《조선일보》)

부잣집 딸 같은 失業群像

작년 12월 17일에 경제기획원은 11월 기준으로 전국 15만 400가구를 대상으로 실시한 제1차 고용구조 조사결과를 분석, 발표한 바 있다. 그 결과에 의하면 우리나라의 14세 이상 인구는 2천736만5천 명이고 그중 주부, 학생, 군인, 연로자 등을 제외한 소위 취업상태에 있거나 구직활동을 하고 있는 인구, 즉 경제활동인구는 52.2%인 1천429만4천 명이다.

그리고 이 경제활동 인구 중 취업자수는 1천373만6천 명이고 실업자 수는 나머지인 55만8천 명이다. 따라서 실업자수가 경제활동연구에서 차지하는 퍼센트인 실업률은 3.9%가 된다.

말하자면 경제활동을 할 수 있는 능력과 의사를 가지면서도 (즉 경제활동 인구 중에서도) 조사기간(1주일) 중「수입 있는 일에 전혀 종사하지 못한 자로서 구직활동을 하고 있는 자와 일기불순 대기(待期), 일시적인 병, 자영업 준비 등 기타 사유로 구직활동을 실제로 하지 못한 자」가 차지하는 비중이 3.9%나 된다.

좀더 부연하면 국제 비교에 주안점을 두고 있는 ILO 방식을 채택하고 있기에 1주일에 1시간 이상 일하면 취업자로 분류되는 데에도 불구하고 1주일에 1시간도 일하지 못함으로써 실업자로 분류된 사람이 경제활동인구의 3.9%나 차지하고 있는 셈이다.

얼른 생각하면 이 3.9%라는 실업률은 우리나라의 고용상태가 양호한 것을 나타내는 지표로 받아들여질는지 모른다. 그러나 우리나라에서는 실업보험제도가 실시되지 않고 있고 또 가난한 노동자층이 광범하게 존재하고 있음을 감안할 때 거꾸로 그것은 우리나라의 고용상태가 매우 불량함을 나타내는 지표라고 하는 것이 옳을 것이다. 사실 실업으로 곤궁한 노동자는 최저한의 생활을 유지하기 위해서 제 아무리 노동조건이 나빠도 어떤 일에 종사하지 않을 수 없을 것이다. 따라서 실업자 중에서 진정으로 구제를 필요로 하는 가장 비참한 실업자는 그다지 포함되지 않고 도리어 생활에는 곤궁하지 않지만 마음에 드는 일터가 있으면 일해 보겠다는 정도의, 말하자면 부잣집 딸 같은 사람이 다수 포함되게 된다고 할 수 있다. 이처럼 우리나라에서의 3.9%라는 실업률과, 실업보험제도가 발달되어 있고 빈곤한 노동자층이 광범하게 존재하지 않고 있는 선진국에서의 그것 사이에는 커다란 차이가 있는 것이다. 따라서 선진국의 실업률과 우리나라의 실업률을 단순 비교해서 우리나라의 실업률이 마치 선진국의 그것보다 낮은 것 같은 착각에 빠지거나 그런 말을 하는 일이 있어서는 안 될 것이다.

그러나 그렇다고 해서 실업문제를 전면에 내세워, 경제성장률은 적어도 몇 퍼센트 이상은 되어야 한다거나 1970년대에서처럼 고도성장의 지속이 절대 필요하다거나 하는 주장에도 문제가 있다고 아니할 수 없다. 사실 실제지표가 경제성장률이 높아진다고(즉 고도성장이 된다고) 고용증가율이 그에 정비례해서 커지는 것이 아니라는 것을 나타내 주는 데에도 불구하고 1970년대에는 말할 것도 없고 아직까지도 고(高)경제성장률이 고(高)고용증가율을 초래하는 양 착각하고 있는 사람들이 있지만 그 동안 우리나라가 겪은 심한 인플레이션은 그런 착각의 산물이라고 해도 과언이 아니라는 것을 이해한다면 결코 그런 착각에 빠져서는 안 될 것이다.

실업이냐 고물가(高物價)냐에 있어서는 실업자에게도 고물가의 폐해가 미치므로 고물가의 진정 내지 물가안정의 유지에 해결의 우선순위를 두는 것이 이론적으로 바람직하다고 할 수 있다. 사실 고물가의 폐해는 원칙적으로 대부분의 사람들에게 미치게 되어 있다. 그런가 하면 보다 낮은 경제성장률에서도 고용흡수효과가 보다 큰 산업을 육성하는 산업 및 투자정책을 채택하는 경우에도 경제성장률이 보다 높으면서도 고용 흡수효과가 보다 작은 산업을 육성하는 산업 및 투자정책을 채택하는 경우보다 오히려 실업률을 낮출 수 있다. 이것은 우리나라에서의 이제까지의 경험들이 잘 실증해 주고 있다.

따라서 앞으로는 실업문제의 심각성은 그대로 받아들이되 고도성장의 추구가 아니라 고용흡수효과가 큰 산업 및 투자정책을 착실히 추구해 가야 할 것이다. 그리고 아울러 인구의 도시집중을 방지하거나 도시인구의 지방분산을 적극적으로 추진해 가야 할 것이다. 수도권에 대한 인구집중이 가속화돼 1982년 11월에서 1983년 11월까지의 1년 동안에 경제활동인구이동은 서울, 인천, 경기 지역에서는 전출보다 전입이 많고 부산을 포함한 지방에서는 전출이 전입보다 많다는 사실과 서울(6.4%), 부산(5.8%), 대구(6.1%), 인천(6.3%) 등 대도시의 실업률이 전국 평균인 3.9%을 크게 상회하고 있으며 전체 실업자의 59.1%가 이들 4대 도시에 집중되어 있다는 사실이 역시 고용구조조사 결과에서 밝혀졌음에 비추어볼 때 이 점은 강조되어야 할 줄 안다.

이런 의미에서도 농업과 중소기업의 적극적인 육성은 절실하다고 할 수 있다. 농업의 육성은 농업의 고용흡수효과가 큰 산업이기에 농촌으로부터의 인구유출을 방지할 뿐 아니라 도시로부터의 인구 역류(逆流)도 가능케 해주며 중소기업의 육성은 중소기업이 역시 고용흡수효과가 큰 산업인 데다가 농촌공업으로서도 적합하기 때문이다.

앞으로는 농업과 이러한 중소기업의 새로운 역할에 적극적인 의미부여를 해 가야 할 것이다. 고용흡수면에서는 서비스산업의 역할이 크지만 어디까지나 그 산업은 직접적인 생산활동부문인 농업, 광공업, 중소기업 등에서의 고용흡수의 극대화를 도모하면서 추구되는 역할, 말하자면 부차적인 역할을 맡아야 할 것이다. 서비스산업의 비대화가 곧 도시화를 의미하거나 도시화가 서비스산업의 비대화를 의미한다면 더욱이 그러하다고 할 수 있다.

물론 고용구조 내지 구성의 근대화도 추구해 가야 한다. 취업자는 그 종업상의 지위에 따라서 봉급·임금을 받고 일하는 피고용자, 농업이라든가 중소기업의 경영주 등의 자영업주, 가족원으로서 자기 집의 일에 종사하는 무급(無給) 가족종사자의 셋으로 구분되는데 그중 피고용자를 말하자면 근대적인 노사관계에 의거한 취업자이며 그 비중이 클수록 그 나라는 근대적인 고용구성을 가진 것으로 간주된다. 또 대기업과 중소기업 사이의 임금격차의 해소도 추구해 가야 한다. 일반적으로 선진국에서는 그 임금 격차가 작은 것으로 알려져 있다.

(1985. 2. 7.《週刊每經》)

大企業보다 알찬 中小企業
보살펴 실속을…

공업화냐 농업개발이냐, 수출이냐 내수(內需)냐는 한 나라 경제개발전략의 가장 중요한 쟁점(爭點)을 이룬다. 그러나 우리나라는 공업화와 수출을 경제개발전략으로서 채택하되 공업화에 있어서는 1970년대 초까지는 경공업화(輕工業化)가, 그 이후는 중화학(重化學) 공업화가 추진되었다.

그리하여 그 동안 산업구조, 공업구조, 수출상품구조 등의 고도화 내지는 개선이 실현되었다. 다시 말하면 생산액 혹은 부가가치(附加價値)에 있어서의 제조업 비중의 증대, 제조업의 생산액 혹은 부가가치에 있어서의 중화학공업 비중의 증대, 총수출액에 있어서의 공산품과 중화학공업 제품 비중의 증대 등이 실현되었다. 그러나 원래는 공업화가 선행하고 수출이 뒤따르는 것이 정상인데 우리나라에서는 수출을 하도 서두르는 바람에 그것이 거꾸로 되어서 수출이 선행하고 공업화가 뒤따르는 격이 되어 버렸다. 말하자면 「수출」주도적 「공업화」가 추진되었으며 좀더 구체적으로는 1970년대 초까지는 「수출」주도적 「경공업화」가, 그 이후는 「수출」주도적 「중화학 공업화」가 추진된 셈이다. 따라서 수출은 국내의 제조업의 지원을 제대로 받을 겨를도 없이 달리다 보니 자연히 외국의, 그것도 지리적으로 인접해 있는 것에 주로 기인하겠지만 일본(日本)의 제조업에 크게 의존하지 않을 수 없게 되었다. 게다가 우리나라는 천연자원이 부족한 편이므로 원유를 비롯한 많은 자원을 산유국(産油國)과 자원보유국에 전적으로 의존하게 되어 있다.

사실 우리나라의 상품수입구조를 보면 1983년에는 원료 및 연료, 경공업제품, 중화학공업 제품은 총수입에 있어서는 각각 37.0%, 9.9%, 46.5%를 차지하고 있고 대일(對日) 수입에 있어서는 4.4%, 15.2%, 80.1%를 차지하고 있다. 그리고 중화학공업 제품 중 대일 수입비중을 크게 만들고 있는 품목은 화학제품·철강·금속 및 동제품 같은 소재(素材) 내지 중간재, 전기·전자기기 같은 부품, 일반기계류 같은 자본재임을 알 수 있다.

따라서 우리나라의 경우에는 수출의 증대는 곧 그와 병행하는 수입의 증대를 초래하게 되어 있으며 그러기에 무역수지(貿易收支)(수출입차)는 만성적으로 적자가 되지 않을 수 없고 또 대일무역수지도 그러하다고 할 수 있다. 경상수지(經常收支)의 경우도 마찬가지이다. 그것은 주로 무역수지와 무역외수지(서비스 수출입차)로 구성되는데 무역수지가 압도적으로 큰 비중을 차지하고 있기 때문이다.

그러나 그 동안의 수출은 기업의 대규모화를 초래하기도 했음을 간과해서는 안 될 것이다. 수출을 하려면 국제경쟁력을 갖추어야 하는데 그러려면 공장규모를 국제단위 규모로 하지 않을 수 없으며 따라서 공장규모 나아가서 기업규모가 대규모화되었다. 1970년대 전반부터 추진된 중화학공업화도 대규모화를 촉진시킨 것은 말할 나위도 없다. 사실 기업의 독과점화(獨寡占化)가 두드러지기 시작한 것도 대체로 그때부터의 일이라고 할 수 있다.

이러한 기업의 대규모화는 중소기업의 상대적 위축의 초래를 뜻한다. 종업원수 299인 이하의 규모로 할 때 중소기업은 제조업의 경우 1982년에는 사업체 수에 있어서는 97.3%를 차지하면서도 종업원 수에 있어서는 53.8%를, 부가가치에 있어서는 36.2%를 차지하고 있는데 불과하다.

그러나 최근에 발표된 한국산업은행의 자료에 의하면 중소기업은 1983년에는 대기업보다 성장성(成長性)에 있어서는 떨어지지만 수익성(收益性)·안정성에 있어서는 도리어 나았다고 한다. 즉 성장성을 나타내는 지표(指標)의 하나인 매출액 증가율은 대기업의 경우 17.06%인 데 대해서 중소기업의 경우 14.4%이지만 수익성을 나타내는 지표의 하나인 총자본 경상이익률은 대기업의 경우 2.63%인 데 대해서 중소기업의 경우 3.89%이고 안정성을 나타내는 지표의 하나인 부채비율은 대기업의 경우 372%인 데 대해서 중소기업의 경우 343%이다.

이러한 사실은 한국은행의 자료에 의해서도 뒷받침된다. 그 외에 한국은행의 자료에 의하면 고정부채(固定負債)를 이루고 있는 외국차관이 자산(資産)에서 차지하는 비중이 1982년에는 대기업의 경우 7.5%인 데 대해서 중소기업의 경우에는 3.3%이다.

물론 우리나라 기업의 자기자본비율은 대기업 중소기업 할 것 없이 매우 낮은 편이다. 한국산업은행의 자료에 의하면 그 비율은 1982년에는 20.5%라고 한다. 그런데 이것은 미국의 49.0%, 대만의 37.5%, 서독의 30.4%에는 말할 것도 없고 일본의 25.1%에도 크게 못미친다. 결국 그 동안 우리나라 기업은 부채에 의존해서 확장해 온 것이 사실이지만 대기업이 실속 없는 외형 위주의 확장을 추구하고 있는 데 대해서 도리어 중소기업은 보다 실속을 차리는 확장을 하고 있다고 할 수 있다.

그렇다면 수출과 관련해서 앞으로 할 일은 우선 수입과의 병행관계의 단절의 추진이라고 할 수 있다. 다시 말하면 우리 나라의 수입상품구조를 개편해 갈 필요가 있으며 나아가서 수출이 국내산업 특히 중화학공업의 지원을 제대로 받을 수 있도록 공업구조를 개편해 갈 필요가 있다. 바로 이것이 다름 아닌 국내소재산업·부품산업의 육성의 필요성을 강조하는 주장의 내용이다. 이런 수입과의 병행관계의 단절 없이는 우리나라의 무역수지 적자 나아가서 경상수지 적자의 개선을 기대할 수 없을 뿐 아니라 근년에 와서 특히 문제가 되고 있는 대일 무역수지 적자 내지 불균형의 개선도 기대하기 어렵다는 것은 불문가지의 일일 것이다.

다음에 할 일은 대기업으로 하여금 수익성·안정성을 높여 가는 가운데서 기업확장·수출증대를 실현시키도록 하는 것이라고 할 수 있다. 내실(內實)을 외면한 기업확장이나 수출증대는 한낱 허장성세에 지나지 않을 뿐 아니라 우리나라의 외채누증을 촉진시키는 면이 있다. 실속 없는 대기업보다는 차라리 내실을 다져 가는 건전 중소수출기업을 육성해 가는 일이 더 국익에 도움이 될 것이다. 중소수출기업 나아가서 중소기업의 육성의 필요성을 강조하는 주장의 등장은 바로 여기에 연원한다고 할 수 있다.

어떻든 우리나라의 수출도 이제는 실속을 차릴 때가 되었다. 그런 의미에서 수출의 확대가 국내산업의 지원을 제대로 받는 가운데서 또 대기업이 성장성보다는 수익성·안정성을 더 중시하는 가운데서 그리고 중소기업이 제대로 역할을 하는 가운데서 실현되어 가도록 하는 일이 특히 강조되어야 할 것이다. 이때 정책적인 뒷받침이 따라야 함은 재론의 여지가 없다.

(1984. 9. 27. 《週刊每經》)

中産層 육성

6차 5개년 계획(1987~1991) 시안(試案)이 공개리에 검토되고 있다. 보도된 바에 의하면 중산층 육성이 계획의 중점과 제의 하나로 되어 있다고 한다. 그러니까 그 중산층 육성이 6차 계획부터 본격적으로 다루어지게 되는 셈이다.

중산층은 원래는 주로 경제적 기초에 의거하는 계급개념(階級概念)으로서 중소(中小)상인, 중소광공업자 등의 중소기업주와 독립자영농(獨立自營農)을 지칭한다. 그러나 사회안정 세력이라는 관점에서는 전문기술직 종사자, 행정관리, 사무직 종사자 등의 화이트칼라 내지 신중간계급(新中間階級)도 포함하는 것으로 보는 것 같다. 따라서 중산층은 일단 중소기업주와 화이트칼라를 말한다고 할 수 있다.

그러면 중산층을 이렇게 정의할 때 그것의 육성책은 무엇이라고 할 수 있는가. 물론 여러 가지를 생각할 수 있을 것이다. 그러나 그것은 어디까지나 우리나라의 기업성장과 고용·임금 및 생산성, 농업발전 및 농가소득, 계층간·지역간 소득격차, 물가 등에 관한 면밀한 분석의 토대 위에 서 있는 것이어야 함은 말할 나위도 없다. 그렇다면 일응 생각해 볼 수 있는 그 육성책의 전제(前提)·기본방향 및 구체적 방안은 대체로 다음의 것이라고 할 수 있지 않을까.

·전제: ① 물가안정 ② 누진세(累進稅)의 강화 ③ 상호이해 ④ 국제적 전시효과의 슬기로운 방지 ⑤ 허용하는 범위 내에

서의 지속적인 추진 ⑥ 이원적(二元的)인 접근. 이들 가운데
에서 특히 ④는 계층간의 소득격차를 실감하게 함으로써 계층
간의 위화감(違和感)을 조장하는 전시효과의 국내파급을 방지
하는 것을, ⑤는 우리 경제의 성장단계에 맞추어서 지속적으
로 추진한다는 것을, ⑥은 선진국에서 채택되고 있는 제도나
정책수단을 그 도입이 가능한 부문에서는 채택한다는 것을 각
각 말한다.

· **기본방향**: ④ 경제자립 지향형(指向型)의 경제성장을 추구
하는 가운데에서 추진되어야 한다. 경제자립도를 저하시키는
경제성장은 우리가 바라는 바가 아니기 때문이다. ② 중산층
의 보전(保全)도 도모하면서 추진되어야 한다. 형성된 중산층
의 파괴는 바람직한 것이 못되기 때문이다. ③ 가능한 한 생
산물에 대한「충분한 보상의 구현(俱現)」을 실현하는 가운데
에서 추진되어야 한다. 이러할 때 비로소 진정한 의미에서의
중산층 확대의 가능성이 엿보인다고 할 수 있기 때문이다. ④
소득균점(所得均霑)·사회개발을 적극적으로 추구하는 가운
데에서 추진되어야 한다. 그럴 때 저소득층의 경제복지 수준
의 지속적인 상승이 실현될 수 있기 때문이다.

· **구체적 방안**: ① 저소득층의 세부담의 우선 경감. 저소득층
에 대해서 교육비공제·의료비공제 등의 인적(人的) 공제를
우선적으로 실시한다. ② 근로자 재산형성 저축제도의 확충.
이 제도에 가입하는 저소득 근로자층에게는 특별한 지원을 제
공하며 물가연동제(物價連動制)를 도입하여 저축액이나 저축
장려금의 실질가치를 유지할 수 있도록 하며 그 대상을 농민
에게까지 확대한다. ③ 저소득층의 주택 토지 소유에 대한 우
선 지원. 주택·토지 소유를 촉진하기 위해서 보조금 지급 등

의 지원을 저소득층에 대해서 우선적으로 실시한다. ④ 임금인상＋임금격차의 축소. 적어도 노동생산성 상승률만큼 임금을 인상해 가도록 하며 화이트칼라와 블루칼라 간의 지나친 임금격차를 축소시키도록 한다. 가계지출을 충당하고도 어느 정도의 저축 여력을 가질 수 있을 만큼 임금이 상승된다면 근로자 재산형성저축제도에 가입할 수 있는 근로자층이 증가하게 될 것이다. 한편 이와 아울러 노사협의제(勞使協議制)가 제 기능을 충분히 발휘할 수 있는 여건조성을 위해서 적절한 지원을 하도록 한다. ⑤ 종업원지주제(從業員持株制)의 장려. 근로자로 하여금 자기 회사의 주식을 소유할 수 있게 하는 제도를 적극적으로 장려한다. 이 제도는 임금의 자본화(資本化)에 도움이 될 뿐 아니라 노사협의제의 원만한 운영에도 도움이 될 것이다. ⑥ 고곡가(高穀價) 정책의 추진. 고곡가정책을 추진한다. 1980＝100으로 한 패리티율(농가 판매가격 지수/농가 구입가격 지수×100)은 1981년 99.7, 1983년 91.8, 1984년 92.6이다. 농가의 교역조건이 불리함을 알 수 있다. 고곡가정책과 병행해서 판매와 구매에서 유리한 것과 주로 공장에서의 추가취업(追加就業)을 통한 소득증대에 중점을 두도록 한다. 농업외소득증대를 위해서는 중소규모의 농촌공업의 진흥 내지 도시로부터의 유치 및 이의 효율적 운영 등이 필요함은 재언(再言)을 요치 않는다. 이 고곡가정책의 추진, 농업외소득증대는 물론 도시와 농촌 간의 소득격차의 해소, 도시와 농촌의 균형적 발전 등에 도움이 될 것이다. ⑦ 공장시설의 지방분산(地方分散) 강화. 도시의 공장시설을 지방으로 분산하는 경우에는 각종 지원을 하도록 하되 특히 가장 낙후된 지역으로 공장시설을 분산하는 기업에 대해서는 특별히 유리한 지원을 하도록 한다. ⑧ 중소기업의 육성. 대기업과 중소기업 간에 건전한 하청계열(下請系列) 관계를 조성하며 중소기업에 대한 기술개발 지원체제를 확립하며 중소기업을 농촌 및 지방공업으로 진출시키며 중견규모화(中堅規模化)한다. 중견규모 기업은 자본 및 의사결정의 독립성을 갖고 있고 자본시장을 통한 자금조달이 가능하고 개인회사 및 동족회사적(同族會社的)인 비능률을 경영합리화로 극복하고 있으며 또 제품의 차별화(差別化)(기술 설비 고안) 능력을 갖고 있고 대량생산에 성공해서 대기업에 대항할 정도의 시장점유율(市場占有率)을 갖고 있는 중소기업을 말한다.

이상의 구체적 방안은 개별적으로 제시되었지만 어디까지나 한 세트(set)로서 추진되어야 하며 또 중산층 육성책의 제대로의 추진을 위해서는 소득분배에 관한 기초자료의 정비, 소득분배의 현상분석 등이 필요함은 말할 나위도 없다.

앞에서 우리나라의 기업성장과 고용, 임금 및 생산성, 농업발전과 농가소득, 계층간 지역간 소득격차, 물가 등에 관한 나름대로의 분석에 의거해서 일단 생각해 볼 수 있는 중간층 육성책의 시나리오를 펼쳐 보았다. 어떻게 보면 막연한 것 같고 또 어떻게 보면 이미 실시중에 있거나 실시하기 매우 어려운 것들을 포함하고 있는 것 같은 감이 들것이다. 그것을 솔직히 시인하고자 한다.

그러나 모처럼 중산층 육성이 6차 계획의 중점과제의 하나로 삼게 되어 있는 이상 이제부터는 각자가 생각하는 바를 털어놓고 서로 논의할 필요가 있지 않나 생각된다.

이렇게 털어놓고 논의하는 가운데에 잘 「정서(整序)」지어진, 그리고 국민적 합의를 얻은 실현성이 있는 구체적 중산층 육성책이 성안될 가능성이 크기 때문이다.

이 글을 쓴 동기도 바로 여기에 있는 것이다. 어떻든 앞으로 건전한 중산층의 육성을 통해서 사회적 안정세력이 공고하게 형성됨으로써 사회적 마찰 없이 지속적인 경제성장이 실현되어 갔으면 한다.

(1985. 8. 《財政》)

우리 경제의 당면 과제

우리나라는 경제체제로서 자본주의(엄격하게는 자본주의적 시장경제)를 채택하고 있다.

자본주의는 생산수단(자본·토지)이 사유(私有)되고 있고 시장기구(때로는 가격기구라고 불리기도 한다)가 개별적인 경제활동의 조정기구로서의 역할을 행하는 경제체제를 말한다.

즉 조정기구에 한해서 말하면 「무엇을 어떻게 누구를 위하여」라는 한 나라의 기본적인 경제문제의 해결을 시장기구에 맡기고 있는 것, 즉 시장원리에 맡기고 있는 것이 자본주의이다.

경제운동의 계획화

따라서 자본주의를 경제체제로서 채택하고 있는 나라(자본주의국)에서는 경제계획 내지 경제개발계획은 사회주의(엄격하게는 사회주의적 계획경제)를 경제체제로서 채택하고 있는 나라(사회주의국)에서의 경제 계획과는 자연히 그 성격을 판이하게 달리할 수밖에 없다.

사회주의는 생산수단이 국유 내지 공유(公有)되고 있고 계획기구가 개별적인 경제활동의 조정기구로서의 역할을 행하는 경제체제이기 때문이다.

사실 오늘날의 선진자본주의 여러 나라도 2차대전 후부터 경제의 운용에 계획화의 생각을 도입해 오기 시작했는데, 이런 추세에 하나의 커다란 영향을 준 것이 다름 아닌 프랑스의 제1차 계획(1947~1950)이라고 할 수 있다.

그런데 그후 현재에 이르기까지 계속되는 프랑스의 경제계획은 사회주의 여러 나라의 명령적 내지 강권적인 성격을 띠고 있는 경제계획과는 달리 지시적 내지 유도적 계획이다.

다시 말하면 그것은 공공부문에 속하는 프로젝트를 제외하고서는 각 사기업(私企業)(민간기업)에게 그 생산활동에 대한 틀과 가이드라인을 주는 데 그치는 유연한 성격의 경제계획이다.

다른 선진자본주의국의 경제계획도 마찬가지이다.

그러면 우리나라의 그 동안의 경제개발계획은 유도적 계획(간단히 유도계획)이었다고 할 수 있는가.

경제체제로서 자본주의를 채택하고 있는 한 당연히 유도계획이어야 했음에도 불구하고 그렇지 못했던 것이 사실이라고 할 수 있다.

市場과 민간主導型

제3차 계획(1972~1976)이 실시될 무렵부터 소위 민간주도형 경제라는 말이 등장하기 시작했고 이어 제4차 계획(1977~1981)부터 유도계획화가 계획서에 내걸어졌고 현재 실시중에 있는 제5차 계획에서도 그러하기 때문이다.

민간주도형 경제란 시장경제의 저널리스트적인 표현에 불과하다.

기업활동의 자율화, 금융의 자율화 등에서 알 수 있듯이 정부의 지나친 개입을 배제하고 개별적인 경제활동을 시장기구의 조정기능에 맡긴다는 내용의 것이다. 수입의 자유화, 자본의 자유화도 동일한 맥락에 선 것이라고 할 수 있다.

물론 1950년대에 등장하기 시작한 선진국 경제학자들의 저개발국(혹은 개발도상국)의 경제발전에 관한 이론 즉 경제개발론이 경제발전의 주체로서 사기업 외에 정부를 중시하고 정부를 단지 사기업만을 위해서 존재하는 것이 아니고 그 자체가 적극적·능동적인 역할을 담당해야 하는 것으로 생각하고 사기업의 사적(私的) 합리성이 사회 전체의 공통이익(사회적 합리성)과 모순되는 면을 갖고 있음을 중시하고 있는 것은 사실이며 또 경제발전의 기구로서 시장기구는 불충분하며 정부의 기획·통제기구가 필요하다고 생각하고 있는 것은 사실이다.

게다가 오늘날의 경제학에 지대한 영향을 미쳐오고 있는 케인스가 전제를 설정하고 있기는 하지만 정부의 적극적인 개입을 주장한 것도 사실이다.

그의 이론을 따르는 사람들 즉, 케인스지지인들도 마찬가지이다.

그 케인스가 설정한 전제는 「영국 정부는 과거와 미래를 불문하고 설득이라는 방법을 구사하는 지적(知的) 엘리트층에 의해서 계속적으로 지배된다」는 내용의 것이다.

R. F. 해로드는 이것을 하베이 로드의 전제라고 부르고 있다. 그런가 하면 그 동안 우리나라는 경제개발전략 내지 정책으로서 수출주도적 공업화를 통한 고도성장의 실현을 채택해 왔다.

그럼으로써 경제운용에 있어서 경직성을 면치 못했다.

工業化로 고도성장

따라서 이렇게 보면 그 동안의 지나친 정부의 개입은 일단 이해가 갈 것이다.

그러나 그런 지나친 정부의 개입은 독과점화·정책금융의 과중, 금융대출 편중, 기업 재무구조 악화, 금융비리 등 여러 가지면에서 많은 부작용을 야기하고 있는 것이 오늘날의 현실이다.

기업활동의 자율화·금융의 자율화 등이 최근에 새삼스러이 강조되고 있고 또 신문지상에 오르내리고 있는 이유는 여기에 있다.

그뿐 아니라, 정부의 개입에 반대하는 입장을 취하고 있는 보수주의자 내지 자유주의자들이 비판하고 있는 것처럼 현대 사회에서는 정치적·사회적 환경이 지적으로 뛰어난 사람들이 공공의 이익을 합리적으로 평가해서 정책결정을 할 수 있다는 케인스의 전제는 성립될 수 없다고 하는 편이 도리어 타당할는지 모른다.

그러나 비록 그렇다고는 하더라도 그 동안의 지나친 정부의 개입으로 해서 야기된 갖가지 부작용을 해소하는 방안으로서 민간주도형 경제 내지 유도계획화를 내세워 기업활동의 자율화, 금융의 자율화를 추진한다고 해서 과연 그 부작용이 해소된다고 할 수 있을까.

자율화를 추진하기에 앞서 혹은 병행해서 자율화의 장애요인을 제거하기 위한 구조개선·제도정비 등의 여건 내지 환경조성, 기반조성을 서두르는 것이 보다 긴요한 일일 것이다.

그러할 때 비로소 자율화는 한낱 구두선에 지나지 않는 것이 되지 않고 소기의 효과를 거둘 수 있을 것이다.

만약 그렇지 않고 자율화만을 내세울 때에는 그리고 만약 자율화만 하면 부작용이 해소될 수 있는 것 같은 착각을 국민들로 하여금 갖게 할 때에는 정부는 무책임한 일을 한다거나 혹은 책임전가를 하는 데 지나지 않는 일을 한다는 비난을 면키 어려울 것이다.

현 시점에서는 어디까지나 자율화가 진정으로 성과를 거둘 수 있도록 하는 유리한 여건 내지 환경조성, 기반조성이 보다 더 중시되지 않으면 안 된다.

그리고 그것은 분명히 정부가 해야 할 일이다.

수입자유화, 자본자유화에 대해서도 마찬가지 말을 할 수 있다.

어떻든 언제나 우리에게 가장 중요한 일은 기업체질의 강화, 경제체질의 강화라는 사실을 중시하여 정부는 그것에 실질적으로 기여하는 방향으로 자율화·자유화를 추진해 주었으면 한다.

(1983. 10. 2.《부산일보》)

富國이 되는 길

　미국의 경제학자인 로스토우는 비행기가 지상에서의 정비를 끝내고 이륙을 해서 일정의 고도를 유지하면서 소정의 방향만 지키면 목적지의 상공까지 갈 수 있다는 데에 착안하여 경제성장론을 전개했다.

　그는 성숙단계에 이른 나라 다시 말하면 자력적(自力的) 성장이 가능한 선진국이 그 동안 겪은 경제성장의 과정에는 그들이 여느 역사적인 시점에서 준(準)정체단계로부터 이륙기(離陸期) 즉 그의 도약단계를 겪었음을 찾아냈다.

　오늘날의 저개발국(개발도상국)도 이와 동일한 과정을 겪는 것으로 보아 저개발국의 경제성장 내지 경제개발과 관련해서 도약단계를 특별히 강조하고 있다. 그러기에 그의 경제성장론은 특별히 경제성장의 도약이론이라고 불리기도 한다. 그에 의하면 이 도약단계를 거쳐서 실현되는 성숙단계에 후속하는 성장단계는 고도 대중소비시대라고 한다. 이 시대는 일단 고속도로망과 자동차 등으로 상징된다고 한다.

　그런가 하면 그는 1970년대에 들어와서부터는 경제 내지 경기의 장기파동(50～60년을 주기로 하는 변동 내지 순환)에 대해서도 관심을 갖기 시작하여 오늘날의 선진국에 있어서의 경기변동 내지 경기순환의 시대구분을 제시하기도 했다.

　그에 의하면 세계경제는 1972년부터 장기파동의 제5상승기를 맞이했다고 한다. 따라서 그의 주장에 따르면 세계경제는 현재 장기파동의 제5상승기에 처해 있는 셈이다.

그런데 바로 그 로스토우가 최근에 두 번째로 우리나라에 와서 〈한국 1960~2000년〉이라는 제목으로 대중강연을 한 바 있다. 또 모신문사의 기자와의 대담도 했다.

그에 의하면 우리나라는 1960년대 중반에 그의 도약단계에 들어섰다고 한다. 그리고 그는 원래는 도약단계에 들어서서부터 약 60년 뒤에야 성숙단계에 이르는 것으로 주장했으나 오늘날의 경험에 비추어서 그것을 수정한 듯 우리나라는 아직은 도약단계에 있지만 세계경제 여건에 어떤 돌발사태가 없다면 1990년대에는 경제성장의 성숙단계 즉 선진국의 단계에 들어설 것이고 역시 세계경제여건에 어떤 돌발사태만 없다면 혹은 만약 경제성장률이 7%를 계속해서 유지한다면 2000년에는 고도대중소비의 이점을 누리는 단계에 이를 것이라고 말하고 있다.

단 고도소비대중의 이점을 누리는 단계가 그의 고도성장시대를 말하는 것인지는 분명치 않다.

그러나 여기서는 이런 그의 전망보다는 그가 그 전망을 하는 데 있어서 설정한 전제와 그가 지적한 현재 그리고 앞으로 우리 경제가 직면하고 있거나 직면해야 할 도전(挑戰)을 더 중시하고자 한다.

왜냐하면 그것이 우리 경제를 끌어가는 데 있어서 보다 더 크게 도움이 된다고 할 수 있기 때문이다.

그는 전망에 있어서 분명히 세계경제 여건에 돌발사태가 없다면 혹은 경제성장률이 7%를 지속한다면 이라는 전제를 붙이고 있다. 그리고 도전으로서 그의 제4차 산업혁명의 신기술의 흡수와 에너지를 비롯한 기초 자원개발을 들고 있다.

　그러면서 그는 농업개발을 위한 노력의 강화를 특히 강조하고 있는 것이다. 여기서 그의 제4차 산업혁명은 1975년부터 등장하기 시작한 마이크로 칩과 유전공학, 레이저, 로봇, 새로운 합성물질, 통신분야에서의 신기술의 등장을 말한다.

　그리고 그의 제1차 산업혁명은 1780년대의 면방직·제철 및 증기기관 기술의 등장을, 제2차 산업혁명은 1840년대의 철도 및 제강 기술의 등장을, 제3차 산업혁명은 1900년에서 1910년의 내연기관, 일련의 새로운 화학제품 및 발전 기술의 등장을 각각 말한다.

　원래가 농업은 공업에 대해서 식량·원료·노동력·자본을 공급할 뿐 아니라 제품의 시장으로서의 역할을 한다.

　따라서 농업은 중시되지 않을 수 없다. 그런데 로스토우도 애당초부터 경제개발을 위해서는 농업혁명의 중요성을 강조하고 있는 것이 사실이다.

　우리나라는 그 동안의 경제개발과정에서 농업의 역할에 대해서 얼마만한 크기의 의미부여를 해 왔는가를 반성해 본다면 이 로스토우의 농업개발을 강조하는 말을 경청하고도 남음이 있다고 할 수 있을 것이다. 물론 이밖에도 그의 말에는 경청할 만한 것이 많다. 그러나 그의 생각이나 이론에 하나의 커다란 문제가 있다는 점을 결코 간과해서는 안 될 것이다.

　그는 도약단계의 특징의 하나로서 국민소득(GNP 등)의 (예컨대) 5% 이하에서 10% 이상으로의 생산적 투자율의 증가를 들고 있으면서도 미국인이며 미국의 경험을 중시해서 그런지는 모르지만 투자의 재원 내지 공급원이 무엇이냐에 대해서 바꾸어 말하면, 투자재원이 내자(內資)나 외자(外資)나에 대해서 별로 심각하게 유의하고 있지 않은 것 같은 느낌을 주고 있다.

미국은 채무국으로 있다가 제1차 세계대전 이후에 채권국으로 바뀐 것이 사실이다.

또 오늘날의 선진국 가운데에는 채무국에서 채권국으로 바뀐 경험을 겪은 나라가 있다.

그러나 오늘날의 시점에서 볼 때에는 저개발국에게는 상황이 선진국의 경험을 그대로 살릴 수 없게 만들고 있다고 해도 과언이 아닌 것같이 느껴진다.

우리가 현재 겪고 있는 외채상환의 부담 과중도 어떻게 보면 이 말을 뒷받침해 주는 것이라고 할 수 있지 않을까.

애초부터 투자는 대부분 내자로 조달하도록 내자동원의 극대화를 도모해 가야 하며 또 외자절약의 극대화도 강조되어야 한다.

그렇다면 앞으로 우리나라에 절실한 것으로서는 적어도 농업개발의 박차, 새로운 기술의 흡수 및 개발, 내자동원 및 외자절약의 극대화의 세 가지를 들 수 있다고 할 수 있을 것이다.

(1983. 10. 16.《부산일보》)

經濟安定化

물가와 경제성장의 결합형태로서는 고(高)물가·고(高)성장, 저(低)물가·극대(極大)성장, 저물가·고성장의 세 가지를 생각할 수 있다. 이 가운데에서 바람직한 것은 저물가·고성장임은 말할 나위도 없다. 그러나 이 결합형태는 고물가·고성장의 결합형태에서 바로 실현되는 것은 아니고 일단 저물가·극대성장의 결합형태를 거쳐서 실현되는 것이 상례(常例)인 것 같다.

다시 말하면 대체로 고물가·고성장의 진행은 고물가·저성장 내지 고물가·마이너스 성장(보통은 이 경우를 스태그플레이션이라고 한다)으로 귀결되고 고물가·저성장 내지 고물가·마이너스 성장을 저물가·고성장으로 전환시키는 과도기적인 결합형태가 저물가·극대성장인 것으로 받아들여지고 있는 것 같다. 1976년에 발간된 매크라켄 보고서에는 분명히 「정책의 기본적인 목표는 적정한 성장률로 돌아가 고(高)고용을 달성하는 것이지만 이 목표는 고물가를 제압할 수 없는 한 달성할 수 없다」는 한 구절이 있다. 이 보고서는 선진국에서 1970년대에 두드러지게 된 스태그플레이션의 원인을 분석하여 불황으로부터 벗어나서 다시 완전고용과 물가안정으로 되돌아가기 위한 경제정책의 목표를 논하고 있는 것이다.

이 저물가·극대성장의 결합형태가 바로 안정성장 내지 안정이라고 할 수 있다. 따라서 안정하면 마치 성장이 전혀 이루어지지 않는 것으로, 혹은 실은 고성장을 추구하면서 그 가운데서 얻어지는 상대적 물가안정으로 해결하려고 하고 또 그렇게 강조하려고 하는 사람들이 있지만 그것은 잘못이라고 할 수 있다. 아니 어떤 경우에는 고의 내지 악의(惡意)에 찬 일이라고 해도 과언이 아니다. 안정은 단지 저물가가 허용하는 범위 내에서의 극대성장을 뜻하는 것일 뿐이다. 이 경우의 극대성장률은 고성장률은 아니지만 반드시 저성장률만을 의미하는 것은 아니다. 고성장률보다 낮은 것뿐이다.

물론 경기후퇴(景氣後退) 혹은 불황에는 경제성장률이 매우 낮으면서도 플러스인 경우와 경제성장률이 마이너스인 경우의 두 가지가 있다. 전자의 경우가 소위 성장후퇴(成長後退)이다. 이 가운데에서 우리가 진정으로 심각하게 받아들여야 할 불황은 마이너스 성장의 경우의 그것이다. 그것이 이제까지 심각하게 논해져 온 통상의 불황이다. 우리나라는 이런 불황을 1956년에 처음 경험한 바 있고 1980년에 두 번째로 경험했다.

두 번 다 고물가와 결합된 그것, 따라서 소위 스태그플레이션이었다. 1956년에는 경제성장률은 −1.4%, 물가상승률은 연말기준으로 도매의 경우 37.8%, 서울소비자의 경우 40.8%이었고 1980년에는 경제성장률은 −5.2%, 물가상승률은 도매의 경우 42.3%, 전도시소비자의 경우 32.1%이었다.

이처럼 우리나라는 제1차 오일 쇼크 때인 1974년에는 이런 불황을 경험하지 않고 제2차 오일 쇼크 때인 1980년에 두 번째의 이런 불황을 경험했지만, 이미 1974년에 대만(臺灣)은 이것에 매우 가까운 것을 경험했으며, 구미선진국(歐美先進國)은 말할 것도 없고 일본도 이것을 경험한 일이 있다. 1970

년대에 들어서서 계속 10%를 상회하는 경제성장률을 보이던 대만은 1974년에 경제성장률 1.1%에 도매물가상승률 40.6%, 소비자물가상승률 47.6%를 경험했으며 고도성장기에는 5%의 경제성장률을 경기후퇴로 보던 일본은 1974년에 경제성장률 −1.2%에 도매물가상승률 31.4%, 소비자물가상승률 24.3%를 경험했다.

경제안정화(經濟安定化)는 우선 안정의 실현촉진에 불과하다고 할 수 있다. 그러나 그것은 무역수지 내지 경상수지균형(經常收支均衡)을 전제로 하는 것이기도 하다는 것을 간과해서는 안 될 것이다. 경제안정화는 어디까지나 물가안정·무역수지 내지 경상수지 균형과 양립(兩立)되는 극대성장, 다시 말하면 물가안정·무역수지 내지 경상수지 균형이 허용되는 범위 내에서의 극대성장의 실현 촉진을 말한다. 따라서 경제안정화는 일반적으로 널리 들어지는 완전고용(完全雇傭), 물가안정, 무역수지 내지 경상수지 균형, 생산확대 등 경제정책의 목표 중에서 물가안정과 무역수지 내지 경상수지 균형을 목표로 한다. 그런데 경제정책의 목표를 이렇게 물가안정과 무역수지 내지 경상수지 균형으로 하는 경우와 완전고용과 생산확대로 하는 경우 사이에는 동원되는 경제정책의 수단에 차이가 있다. 아니 대부분의 경우 상충관계(相衝關係)가 있다고 할 수 있다. 예컨대 원칙적으로 말하면 정부의 세출(歲出)은 물가안정과 무역수지 내지 경상수지 균형을 목표로 하는 경우에는 감액(減額)되는 데 대해서 완전고용과 생산확대를 목표로 하는 경우에는 증액(增額)되게 되어 있으며, 또 금리(金利)는 전자의 경우에는 인상되는 데 대해서 후자의 경우에는 인하되게 되어 있다.

 그렇다면 경제안정화를 추구하는 데 있어서는 물가안정과 무역수지 내지 경상수지 균형이라는 목표를 위해서 필요한 수단이 주된 것이 되고 이 수단의 실시로 인해 발생하게 되는 부작용의 해결을 위한 수단은 부차적인 것으로 돌려져야 한다고 할 수 있다. 만약 주된 수단과 부차적인 수단이 엇바뀌는 경우에는 결과가 매우 불만족스러운 것이 될 것이다. 또 안정 내지 안정성장을, 실은 고성장을 추구하면서 그 가운데에서 얻어지는 상대적 물가안정·상대적 무역수지 내지 경상수지 균형으로 착각하는 경우도 마찬가지이다. 이러한 사실은 우리가 이미 1960년대 이후 특히 1970년대에 경험한 바 있다. 그리고 그것은 어떻게 보면 우리에게 준 1970년대의 교훈 중에서 가장 중요한 것일는지도 모른다.

 이미 앞에서 밝힌 바와 같이 경제안정화는 물가안정·무역수지 내지 경상수지 균형과 양립되는 극대성장의 실현촉진을 뜻한다. 따라서 물가안정과 극대성장이 성립되었다고 해서 경제안정화가 성과를 거두었다고 말할 수 없음은 명약관화(明若觀火)한 일이라고 할 수 있다. 무역수지 내지 경상수지 균형이 아울러 실현되었을 때 비로소 그것이 성과를 거두었다고 할 수 있는 것이다. 사실 대만은 1970년 후반 이후 현재까지 저물가·고성장에다 대체로 무역수지 내지 경상수지 균형을 실현시켜 오고 있다.

 그런데 우리나라는 겨우 1983년부터 저물가·고성장을 실현시키고 있지만 1984년만 해도 경상수지 적자가 15억 달러를 상회할 것으로 예상되고 있다. 따라서 이렇게 보면 우리나라가 경제안정화의 성과를 완전히 거두려면 하루 빨리 무역수지 내지 경상수지 균형도 실현시켜야 한다고 할 수 있을 것이다. 사실은 저물가·고성장·무역수지 내지 경상수지 균형이 실현되고 있는 경제상태, 바로 이것이 진정으로 바람직한 경제상태에 가까운 것이다.

현재로서는 무역수지 내지 경상수지 균형의 실현은 경제안정화의 성과를 완전히 거두기 위해서 뿐 아니라 나아가서 우리 경제를 진정으로 바람직한 상태에 근접시키기 위해서 필요불가결하고 또 끽긴(喫緊)을 요하는 과제인 것이다. 그것은 또 외채누증(外債累增)을 방지해 주기도 하며 나아가서 외채감축을 실현시키기도 한다. 대만은 1983년에는 −1.2%의 도매물가 상승률, 1.4%의 소비자물가 상승률, 7.1%의 경제성장률, 2.7%의 실업률, 48.3억 달러의 무역수지 흑자, 44.5억 달러의 경상수지 흑자를 기록했다. 말하자면 바람직한 경제상태인 저물가, 고성장, 고고용, 국제수지 흑자를 보인 셈이다. 우리나라도 하루 빨리 이런 경제상태를 실현했으면 한다.

(1985. 1.《財政》)

Ⅳ. 냉철한 머리와 따뜻한 마음

樂觀경제론과 悲觀경제론

심한 美日 의존도

1960년대 중반부터 우리나라는 수출주도형으로 경제를 이끌어 왔다. 다시 말하면 수출을 경제성장(GNP의 증가)의 엔진으로 삼아 왔다. 그리하여 한 해의 수출액이 작년에는 약 2백45억 달러나 된다. 물론 그 동안 수출상대국의 수를 늘려 오면서 수출확대를 도모해 왔다. 그러나 수출은 역시 미국과 일본에 크게 의존해 온 것이 사실이다. 그러다 보니 자연히 우리나라 산업은 주로 미국과 일본 시장을 겨냥해 왔다.

또 천연자원이 빈약한 상태에서 수출확대, 나아가서 고도경제성장을 추구하다 보니 에너지와 원재료 내지 1차산품을 해외에 크게 의존하지 않을 수 없었다.

그런가 하면 우리나라는 작년말 현재로 4백억 달러를 약간 넘는 외채(外債) 즉 외국 빚을 짊어지고 있다. 그것도 따지고 보면 미국과 일본에 크게 의존하고 있고, 또 국제금리가 변하는 데 따라서 지불할 이자액이 변하게 되어 있는 소위 연동금리(連動金利) 외채가 큰 비중을 차지하고 있는 그런 내용의 것이다.

따라서 우리나라는 자연히 해외시장, 특히 미국과 일본시장의 동향, 에너지와 1차산품의 국제가격 동향, 국제금리 특히 미국 금리의 동향 등에 대해서 민감하지 않을 수 없다. 정부가 연초에 밝히게 되어 있는 경제운용계획을 수립할 때 미국·일본 시장을 주로 하는 해외시장의 동향, 에너지와 1차 산품의 국제가격 동향, 미국 금리를 주로 하는 국제금리의 동향 등을 반드시 감안하게 되어 있는 것은 바로 이에 기인한다.

이렇게 보면 미국과 일본, 그리고 이들을 포함하는 OECD (일단 선진국협력기구로 해석하면 된다) 회원국의 경제전망, 이들 나라에서의 수입규제 동향, 원유의 현물시장가격 동향 등에 관한 그때 그때의 보도나, 최근에 잇달아 있는 미국에서의 우리나라 산 컬러TV에 대한 덤핑 판정, 재심 판정, 재심판정착오 발견 등의 보도, 미국에서의 철강 수입규제 조치 등에 관한 보도, 1차산품 국제가격 하락 등의 보도, 미(美) 금리 하락조짐 내지 미(美) 장단기금리 하락추세 등의 보도에 경제를 안다는 사람들이 관심을 기울이는 것은 충분히 이해할 수 있을 것이다. 그리고 그런 보도에 업자나 정부당국이 일희일비(一喜一悲)하는 것도 이해할 수 있을 것이다.

석유파동의 교훈

그러나 어떤 것에 관한 것이든 반드시 낙관적 내지 긍정적인 관점과, 비관적 내지 부정적 관점이 있는 법이다. 또 대개의 경우 업자나 정부 당국은 낙관적인 견해를 갖는 것이 상례라고는 하지만, 최근의 일련의 사태에 직면해서 업자나 정부당국이 사태를 어딘지 모르게 낙관적으로, 어떻게 보면 안이하게 보려는 것 같은 인상을 주고 있지 않는가라는 생각이 든다. 어쩌면 이런 생각은 지난 1970년대 전반에 있은 제1차 석유파동 때의 경험을 강하게 반영하는 것일는지도 모른다. 다시 말하면 그때 사태의 심각성을 제대로 파악하고 슬기롭게 대처했더라면 제2차 석유파동에 직면해서 겪은 그 심했던 경제적인 어려움을 덜 겪을 수 있었으리라는 아쉬움에서 나온 생각인지도 모른다. 또 제1차 석유파동에 직면해서 미국과 일본이 취한 태도를 대비해 볼 때 일본이 보다 현명했었다는 생각에 연유할는지도 모른다. 분명히 같은 선진국이지만 미국은 자유세계의 리더라는 위치에 있었기에 어쩔 수 없었을는지 모르나, 좀 안이하게 대처한 데 비해서, 일본은 사태를 심각하게 받아들이고 대처한 탓으로 제2차 석유파동에 직면해서 미국이 어떻게 보면 허둥댄 데 비해서 일본은 여유를 보였고, 현재까지도 경제적인 면에서 자유세계의 우등생 내지 모범생의 지위를 누리고 있다고 할 수 있다.

內實 있는 정책을

낙관적으로 사태를 보거나 그것에 대처하는 것은 희망을 갖기 위해서, 또 희망을 주기 위해서 필요한 일임에 틀림없다. 그러나 경제윤리는 냉혹한 것이며, 또 각국은 자국의 이익을 철저히 추구하게 되어 있다. 따라서 업자나 정부 당국은 현재 미국 등에서 진행되고 있는 경제적인 조치나 움직임을 낙관적으로만 받아들이려고 하지 말고, 비관적인 관점에서의 지적도 살려서 낙관적도 비관적도 아닌 입장, 즉 냉정한 입장에 서서 현실을 현실대로 받아들이고 슬기롭게 대처해 가도록 해야 할 것이다. 이때 그 동안의 경험을 거울로 삼아야 함은 말할 나위도 없다. 그리고 당면 문제의 해결에 급급한 나머지 장기적인 대처가 소홀히 되는 일이 있어서는 안 된다. 말할 것도 없이 이 장기적인 대처 속에는 적어도 내실 있는 관민의 경제외교, 수출시장의 미·일에의 의존으로부터 벗어나기 위한 내실 있는 수출상대국 수의 증대, 즉 수출시장의 다변화와 그것을 뒷받침해 주는 공장 개편 내지 산업 개편, 있을 수 있는 수출부진으로부터 오는 충격을 완화하기 위한 국내시장의 육성, 외채구조의 개선 등이 포함되어야 할 것이다.

(1984. 10. 3. 《조선일보》)

눈물 흘리는 「국민주택」

어느 부인의 하소연

최근에 목동(木洞) 신시가지의 1차분 아파트의 분양신청에 관한 신문보도가 있었다. 그 보도 가운데서 특히 나의 시선을 끈 구절은 「채권 매입액 눈치로 우왕좌왕」 「채권액 눈치작전 운운」이었다. 왜냐하면 내가 잘 아는 어느 부인이 이미 겪은 일이 새삼 연상되었기 때문이다.

그러면 왜 채권 매입액에 대해서 눈치작전을 펴지 않을 수 없는가. 그것은 바로 채권 매입액 크기의 순으로 분양자를 결정하게 되어 있는 현행 제도 때문이다. 얼마를 써넣어야 당첨될 것인지 모르니 그럴 수밖에 없을 것이 아닌가.

그 부인이 겪은 일은 대충 이러하다. 그 부인은 몸이 좋지 않은 데다가 집을 보아줄 사람이 없어서 갑자기 집을 비우지 않을 수 없을 때 문을 잠그고 나갈 수도 없어서, 일단 뒤늦게나마 아파트로 이사하기로 결심을 했다. 작년 초에 2백만 원짜리 예금을 주택은행에 했고 따라서 올해 초부터 소위 1순위자에 해당하게 되어 서너 차례 31평의 아파트를 신청했다고 한다. 현재 살고 있는 단독주택을 팔면 31평형보다 큰 것을 살 수도 있지만 식구수 등을 감안할 때 그 형이 알맞다고 생각했던 것이다.

그러나 정작 신청을 하려고 하니 채권 매입액을 얼마로 할 것이냐로 고민하지 않을 수 없었다. 그때마다 당첨에 필요한 액수는 얼마라고 복덕방 업자들이 귀띔해 주더라는 것이다. 그 액수는 31평형의 경우 수요자가 많아서 그런지는 몰라도 대체로 2천만 원이거나 2천5백만 원이었다고 한다. 자기로서는 생각할 수도 없는 것이기에 받아들이지 않고 자기 나름대로 감당할 수 있다고 생각되는 액수, 정확히 말하면 그 반도 채 못 되는 액수를 적어 넣었다고 한다. 그랬더니 매번 실패하더라는 것이다. 그래서 자기는 현재 아예 분양신청을 포기하고 있는 상태에 있다고 했다.

프리미엄은 그대로

그러면 매입 채권을 현재 시세로 팔면 10퍼센트 밖에 못 받으니, 청약자의 입장에서 보면 아파트의 실제 분양가격은 공시된 분양가격에 10퍼센트 할인한 액수 이상만큼 더 많은 가격이 되는 셈이 아니겠느냐고 물으면서, 채권 매입액의 정부의 국민주택기금으로 들어간다고는 하지만 어딘지 잘 납득이 안가는 점이 있다는 이야기도 했다.

나는 지금도 그 부인의 말에 공감을 느끼고 있다. 종전대로 신청을 받고 추첨을 했더라면 아파트를 분양받을 수 있는 가능성을 충분히 갖고 있는 사람, 즉 분양가격만큼의 돈을 갖고 있는 실수요자가 이 제도로 해서 신청자격을 박탈당하고 있는 것과 마찬가지 상태에 놓여 있다고 말할 수 있기 때문이다. 어쩌면 그런 실수요자 중에는 아파트를 마련하려는 꿈에 오랫동안 먹는 것조차 아껴 가면서 겨우 그 액수를 마련한 사람들도 많을는지 모른다. 집이 우리의 생활에 있어서 불가결한 것이

라고 한다면 적어도 제도 자체가 애초부터 이런 사람들을 소
외시키는 일이 있어서는 결코 안 될 것이 아닌가. 처지는 사후
적으로 결정되기에, 언제나 불확실하다고 할 수 있는 당첨자
의 채권 매입보다 적은 채권 매입액의 신청자의 경우도 마찬
가지일 것이다. 물론 제도 자체를 자주 바꾸는 데에는 문제가
있다. 또 현행 제도에도 장점은 많이 있다. 그러나 관점을 어
디에 두느냐에 따라서 장점과 단점은 얼마든지 달라지는 것이
다. 그러나 분명한 것은 정부가 할 일이 어려운 처지에 있는
사람들, 진정으로 집을 바라는 실수요자들을 방치하지 않는
것이라고 한다면, 현행 제도는 이런 점에 비추어서 검토해 볼
필요가 있다고 하지 않을 수 없다. 게다가 프리미엄을 없애기
위해서라고 했지만, 현행 제도하에서 과연 그 프리미엄이 없
어졌는가 하면 결코 그렇지도 않다. 그런가 하면 국민주택자
금이 매년 어느 규모가 되었고 그것이 어떻게 사용되었는가에
대해서 일반국민들에게 어떻게 알려지는지가 불분명하다. 불
신하는 것은 아니지만 그것의 사용명세가 어떤 식으로든 일반
국민에게 알려질 필요가 있는 것같이 생각된다.

市 공무원의 궤변

어떻든 이번 목동 아파트 분양시에 모 45평형 신청자가 하루
종일 다른 신청자들의 눈치를 살피고 복덕방 업자들의 이야기
를 종합해서 막판에 채권 매입액을 5백만 원 써넣고『서울시
가 공영개발(公營開發)의 명목으로 짓는 아파트를 돈 놓고 돈
먹는 식으로 신청해야 한다니 너무하다』고 말했다고 하는데,
정책당국은 이 말을 결코 소홀히 넘겨서는 안 될 것이다. 또 목

동개발에서의 이익을 놓고 어느 서울시 공무원이『돈이 남는
다고 어느 개인이 차지합니까. 결국 그 돈은 서울시 돈이 아닙
니까』라고 말했다고 하는데 그런 공무원의 사고방식은 앞으로
는 지양되었으면 한다. 이 공무원의 말은 어딘지 모르게 오늘
날처럼 치솟은 아파트, 단독주택, 토지의 가격을 초래한 지난날
의 부동산 개발방식을 그대로 반영하는 것 같은 인상을 주는
것이기 때문이다. 결코 지난날의 부동산 개발방식이 재현되어
서는 안 된다.

(1984. 9. 5.《조선일보》)

서비스 산업 억제해야 한다

취업인구 비중 1위

서비스 산업은 넓은 의미로도, 또 좁은 의미로도 사용된다. 일단 좁은 의미로 사용할 때 그것은 도·산매업(상업), 금융·보험·부동산업, 의료·교육·복지 등의 사회 서비스, 숙박·음식·목욕·관광·오락·수리업 등의 개인 서비스업을 포함한다. 이에서 그 범위가 얼마나 다기(多岐)한가를 잘 알 수 있을 것이다. 그러나 그것에 현재 우리나라에서 향락산업이니, 유흥산업이니라고 불리는 것이 들어 있는 개인 서비스업을 포함하고 있는 것만은 분명하다.

오늘날 선진국의 경제발전의 경험을 보면, 경제성장 즉 GNP나 1인당 GNP의 증가에 따라서 전체 취업인구도 농림어업에서 광공업으로, 그리고 다시 광공업에서 사회간접자본, 서비스 산업으로 이동해 왔다. 좀더 구체적으로 말하면, 경제성장에 따라서 전체 취업인구 중에서 농림어업의 취업인구가 차지하는 비중이 점차로 작아지고, 그 대신 광공업의 그것이 커지고, 마침내는 사회간접자본, 서비스 산업의 비중, 특히 서비스 산업의 그것이 가장 크게 되어 서비스 산업, 광공업, 농림어업의 순으로 되었다.

그리하여 미국을 비롯한 주요 선진국에서는 현재 전체 취업인구 중에서 서비스 산업의 취업인구 비중이 50%를 웃돌게 되었다. 즉 현재 이른바 경제의 서비스화 현상이 나타나고 있다. 이 서비스 산업의 취업인구 비중이 높아진 것은 말할 것도 없이 서비스 산업이 농림어업과 광공업의 지원 부문이라는 데 주로 기인한다.

고용흡수적 기능도

우리나라에서도 그동안 경제성장에 따라서 서비스 산업의 취업인구 비중이 높아져서 1982년경부터는 서비스 산업은 가장 비중이 큰 산업이 되었다. 그 다음이 농림어업, 광공업의 순으로 되어 있다. 따라서 아직까지는 우리나라가 선진국의 경우와 다름을 알 수 있다. 그뿐 아니다. 우리나라의 경우에는 애당초부터 서비스 산업은 농림어업 다음으로 취업인구가 많았다. 다만 농림어업의 비중이 압도적으로 컸을 뿐이다.

그것이 경제성장에 따라서 뒤바뀐 셈이다. 애당초부터 서비스 산업의 비중이 큰 것은 바로 우리나라가 인구과잉국이라는 데 기인한다. 과잉인구가 머무를 곳은 광공업이 덜 발달되어 있는 상태에서는 자연히 농림어업 아니면, 주로 도·산매업이나 개인 서비스업일 수밖에 없었던 것이다. 그러나 어떻든 우리나라에서는 서비스 산업 전체로 보든, 개인 서비스업만으로 한정해서 보든, 그것이 고용흡수적인 역할을 행해 왔고 행할 것만은 틀림없다.

이 고용흡수적이라는 면에서 일단 개인 서비스업은 긍정적으로 받아들여질 수 있다. 그러나 개인 서비스업의 이상비대화(異狀肥大化) 현상에 기인하는 고용흡수는 결코 바람직한 것이 못됨은 말할 나위도 없다. 개인 서비스업의 이상비대화

는 지나친 향락의 추구에 의해서 초래될 수도 있고, 외화획득
수단으로서의 관광수입을 올리기 위한 적극적인 외국인 관광
객 유치정책에 의해서도 초래될 수 있고, 올림픽 같은 커다란
국제행사를 위한 대비에 의해서도 초래될 수 있다.

　이것은 작년 한 해 동안 서울지역에서의 사치유흥업소의 투
자 규모가 지나치게 클 뿐 아니라, 전국 숙박음식업의 고정투
자증가율이 경제성장률(GNP증가율)의 3배나 된다는 보도나,
『관광진흥이다, 올림픽 대비다 하여 고급유흥업소의 신축을
장려할 때는 언제이고……』라는 어느 건물주인의 말을 통해
서 능히 알 수 있을 것이다.

　이런 개인 서비스업의 이상비대화 현상에 대한 일반국민의
반응이 지난 6월 초를 전후해서 있었던 사치성 내지 퇴폐업
소에 대한 거센 규탄의 소리로 보면 된다.

아직 너무 빠르다

　그러나 퇴폐풍조 조장, 낭비 조장 등과 같은 윤리적·도덕
적인 측면 외에 개인 서비스업의 이상비대화는 자칫하면 제
조업 특히 중소기업에서의 여공(女工) 구인난을 초래하는 측
면이 있다는 점을 간과해서는 안 된다.

　마침 극히 최근의 경제장관회의에서「유흥 서비스 및 여가
산업 건전화 종합대책」을 확정했으며, 관련법규나 절차 개정
이 끝나는 대로 시행하게 되어 있다. 선진국에서 문제가 되어
야 할 레저[餘暇] 선용의 문제가 아직 선진국이 아닌 우리나
라에서 벌써 문제가 된다면 기현상이라고 하지 않을 수 없기
에 일단 이 대책에 기대를 걸고자 한다.

　　그러나 그러면서도 과연 이 대책이 우리나라 산업 전체의 입장에 서서 너무 급속한 개인 서비스업, 나아가서 서비스 산업으로의 취업인구 이동으로 해서 제조업에서 여공을 비롯한 일반직공 구인난이 지나치게 일찍이 닥쳐오는 일이 없도록 하는 것까지를 아울러 고려하고 있는지 묻지 않을 수 없다.

　　어떻든 비록 개인 서비스업이 고용흡수적이라는 긍정적인 역할, 관광 수입원으로서의 역할 등을 한다고 하더라도, 이상비대화 현상은 윤리적·도덕적인 측면에서나 때 이른 여공 구인난 등을 야기하는 측면 등에서 보아 결코 바람직하지 못하다고 할 수 있다.

(1984. 8. 18. 《조선일보》)

냉철한 머리와 따뜻한 마음

나는 이 난(欄)의 첫 글을 무엇으로 할 것인가 곰곰이 생각해 보았다. 그러다가 마침내 알프레드 마샬(1842~1924)의 〈경제학의 현상〉을 다루기로 했다. 그것은 경제학자의 임무가 무엇인지, 경제학을 배우는 젊은이들의 기본적인 태도가 무엇이어야 하는지를 잘 말해 주고 있는 것이라는 생각이 들었기 때문이다. 그리고 그것은 학생시절에 나를 사로잡았을 뿐 아니라 오늘날까지 나에게 커다란 영향을 미쳐 왔기에 어떻게 보면 내가 어떤 생각을 하고 있는지를 대변해 주는 것이기도 하다. 우선 그것의 몇 구절을 보기로 한다.

「우리가 사회문제를 전체로서 다루려고 할 때 도움이 되는 유일한 수단은 상식에 의한 판단 속에서 구해진다. 현재에 있어서 또 먼 장래에 걸쳐서 그것은 궁극의 판정자가 되지 않으면 안 된다. 경제이론은 그것에서 그 최고의 권위를 뺏으며 또 그 일의 처리의 방법 혹은 그 순서에조차 간섭하려고 하지 않는다. 다만 그 일의 일부를 원조하려고 한다. 상식은 복잡한 문제를 한꺼번에 다루는 일은 하지 않는다. 그것은 우선 문제를 몇 개의 구성 부분으로 분해하고 순차로 그들 부분을 음미하고 끝으로 종합해서 결론을 부여하려고 한다.」

「경제학자는 사실을 악착같이 추구해 가지 않으면 안 된다. 그러나 단순한 사실만으로 만족해서는 안 된다. 그는 역사학파[獨逸]의 위대한 사상가들에 대해서는 무한히 감사하지 않으면 안 되지만, 과거가 현재의 문제에 대해서 직접 해명의 빛을 비친다고 하는 데 대해서는 회의적이어야 한다. 그는 이보다도 한층 힘이 드는 일과 항시 대결해 가지 않으면 안 된다.

즉 여러 가지 원인이 독립적으로 혹은 다른 것과 결합해서 작용할 때의 행동양식(行動樣式)을 알기 위해서 사실을 구명하고 이 지식을 토대로 해서 경제이론의 분석수단을 쌓아 올려 이 수단을 이용해서 사회문제의 경제적 측면을 처리해 가지 않으면 안 된다. 이렇게 해서 그는 사실의 빛에 비추어서 일을 할 것이다. 다만 이 빛은 직사(直射)되는 것이 아니고 과학에 의해서 반사되고 응집(凝集)된 것이 아니면 안 된다…….」

「왜 이처럼 많은 사람들의 생활이 진애(塵埃)와 오탁(汚濁)과 비참 속에 빠져 들어가 있는 것일까. 왜 깡마르고 피로한 얼굴과 비굴한 마음이 아직도 존재하는 것일까. 그것은 주로 부(富)가 충분하지 않기 때문이며 또 존재하고 있는 부의 분배와 사용이 잘 되어 있지 않기 때문이다……. 사는 데 좀더 쾌적한 방이라든가 좀더 맛있는 것이 주어지고 덜 격렬한 일과 보다 많은 휴식이 얻어진다면 우리 국민 대다수는 현재와 달라서 훨씬 수준이 높은, 훨씬 고상한 생활을 보내는 힘을 갖게 될 것이다……. 우리의 시대만큼 커다란 사회문제로 가득 채워진 시대는 일찍이 없었다……. 지금 대학인의 대다수가 자기가 살고 있는 시대의 중요한 문제를 분명하게 생각하는 것을 배우고 연구한다면 그 개인적인 영향을 통해서 얼마큼 큰 힘을 초래할 수 있는가를 생각해 보아라…….」

「누구든 물질적 수단의 결핍 때문에 인간다운 시간을 보낼 기회에서 배제되어서는 안 된다고 소리 높여 외치는 것을 왜

과격한 사회주의자들이라든가 무지한 선동가들에게 맡길 필요가 있는 것일까. 이 문제의 논의에 전력투구(全力投球)하는 사람의 대다수는 그들이 고치고자 원하는 폐해를 도리어 자주 증가시키는 착상을 성급하게 제출한다. 왜냐하면 그들은 곤란하고 복잡한 문제를 생각하는 훈련을 결하고 있기 때문이다. 이 훈련은 세계에는 매우 드물며 케임브리지에만 풍부하다……. 강한 인간의 위대한 어머니인 케임브리지가 세계로 배출하는 사람은 냉철한 머리와 따뜻한 마음을 갖고서 자기 주위의 사회적 고뇌와 싸우기 위해서 그 최선의 힘의 적어도 얼마라도 기꺼이 바치며, 또 교양 있는 고상한 생활을 위한 물질적 수단을 모든 사람에게 부여하는 것이 어느 정도까지 가능한가를 명백히 하기 위해서 자기의 전능력을 다 하지 않고서는 안심하고 만족하지 않는다고 결심한 사람들이다. 그런 사람들을 더욱더 많이 배출하기 위해서 나의 모자란 재능과 한정된 힘의 모두를 경주해서 할 수 있는 일을 다하고자 하는 것이 나의 가슴속 깊이 간직하고 있는 염원이며 또 최고의 노력이다.」(강조는 인용자)

　이상의 몇 구절을 통해서 마샬이 경제학에 있어서 상식의 역할 및 사실과 과학의 협동의 필요성을 강조하고 있음을, 또 경제학을 배우려는 젊은이들은 사회문제·경제문제에 대해서 눈을 떠야 한다는 것을 호소하는 한편, 「냉철한 머리」와 「따뜻한 마음」을 스스로 배양해야 한다는 것을 단언하고 있음을 알 수 있을 것이다. 여기서 「냉철한 머리」와 「따뜻한 마음」도 인상적이지만 국민 대다수의 고상한 생활, 혹은 교양 있는 고상한 생활도 인상적이라고 아니할 수 없다.

　마샬은 영국의 케임브리지 대학교의 경제학부의 창설자인 동시에 경제학파의 하나인 케임브리지 학파 혹은 신고전학파의 창시자이다. 그러기에 그가 오늘날의 경제학에 미친 영향은 지대하다. 그런 그가 케임브리지를 졸업한 후 펠로우로 있다가 결혼을 하면서 동교(同校)를 떠났다가 1885년 1월에 그리던 모교로 돌아와서 행한 교수 취임사 즉 개강사(開講辭)가 바로 〈경제학의 현상〉인 것이다.

현재 우리 주위에서는 자칫 경제학의 과학성만을 내세우는 사람들을 흔히 볼 수 있고, 또 경제학을 배우는 사람들은 마치 돈벌이를 잘하는 사람이 되려는 사람 혹은 취직에 유리하기 때문에 배우는 사람으로 보거나 떠들어대는 사람들을 또한 흔히 볼 수 있음을 감안할 때, 이상의 마샬의 말은 그런 사람들에 대한 일종의 경고로 볼 수 있지 않을까 생각된다. 과학이라고 해서 상식이나 현실을 외면할 수는 없는 것이다. 경제학은 현실인간(現實人間)의 행동의 소산(所産)으로서의 경제현상을 다루는 학문일진대 현실과의 관련을 포기하면 그 순간부터 경제학은 성립될 수 없는 것이다. 이런 사실이 간과될 때 다름 아닌 경제이론의 추상화 현상이 일어나게 된다. 어떤 사람은 그 현상을 경제이론의 암모나이트화(化) 현상이라고 부르고 있기도 하다. 암모나이트는 이미 멸종한 암몬패(貝)를 말한다. 현재 주류(主流) 경제학으로 하여금 비현실적이라고 비판을 받게 하는 것 가운데의 하나가 바로 시장이라는 장(場)에만 있는, 그리고 합리적으로 행동하는 인간 즉 「경제인(호모 에코노미커스)」이라는 가정(假定)임을 생각하면 이 말은 수긍이 갈 것이다. 결코 현실인간은 시장이라는 장에만 있는 인간도 아니고 합리적으로만 행동하는 인간도 아닌 것이다.

한편 경제학을 배우는 사람들 가운데에는 그런 이미지나 떠

들어대는 말과는 달리, 사실은 사회문제·경제문제에 깊은 관심을 갖고 있고 국민 대다수의 고상한 생활 혹은 교양 있는 고상한 생활을 가능하게 하는 길을 찾고 있고「냉철한 머리」와「따뜻한 마음」을 배양하고 있는 사람들이 도리어 많다고 할 수 있다. 아니 백보를 양보해서 말하더라도 그러기 위해서 애쓰고 있는 사람들이 많이 있는 것은 사실이다. 또 모름지기 그래야만 하는 것이다.

　앞에서 든 마샬의 말은 경제학을 하는 사람들에게 주는 말이다. 그러나 그 말은 경제학을 하는 사람들에 한하는 것이 아니고 적어도 지성인이라면 경제학을 배우지 않는 사람들일지라도 모름지기 경청해야 할 말이라고 할 수 있을 것이다.

(1983. 7.《財政》)

경제현실은 경제예측의 최종심판자

새해에 가까워지면 으레 새해의 경제전망 내지 경제예측이 발표되게 마련이다. 물론 이 경제예측에는 계량경제학(計量經濟學)적 방법이 이용되는 것이 보통이다. 계량경제학적 방법은 다름 아닌 계량경제 모델을 이용하는 방법이다. 그리고 계량경제 모델은 경제이론을 수식으로 나타내고 그것에 통계자료를 대입해서 만든 것을 말한다. 따라서 계량경제학적 방법은 「이론(理論)」 있는 경제예측 방법이라고 할 수 있다. 경제예측에 보통 이 방법이 이용되는 까닭도 바로 여기에 있다. 그러나 제아무리 「이론」 있는 경제예측 방법이라고 해도 그것이 이용하는 계량경제 모델에는 한계가 있고 또 우리로 하여금 회의를 품게 만드는 요인이 있다는 사실을 간과해서는 안 된다.

계량경제 모델의 한계로서는 우선 의사결정의 초점이라고도 할 수 있는 특정의 목적에 관한 한계가 들어진다. 보통 모델은 어떤 특별한 목적을 위해서 구성된다. 따라서 그것은 다른 목적을 위해서는 부적당하게 되는 수가 많다. 또 모델에 따라서는 현재의 지식과 통계자료에 의해서는 효과적으로 모델을 구성할 수 없는 경우가 있다. 다음에 들어지는 한계는 집계(集計)에 관한 것이다. 너무 거시적으로 집계된 통계자료를 사용할 경우 정책이라든가 내생변수(內生變數)(모델의 해(解)로서 구해지는 변수. 예컨대 정책적으로 중요한 GNP 물가상승률, 실업률 등)의 반응을 상세하게 추구하는 일은 불가능하다. 통계자료의 집계방법에 따라서는 세제개정(稅制改正) 등의 효과가 모델 속에 분명하게 나타나지 않는 경우가 그 한 예이다.

셋째로 들어지는 한계는 정확성에 관한 것이다. 모델 자체가 현실의 근사(近似)이므로 정확성은 이 근사의 질에 좌우된다. 실제에 있어서는 근사도가 큰 경우가 있는가 하면 그렇지 않는 경우가 있다. 이에 더해서 우연요인(랜덤 요인)도 정확성을 좌우한다. 우연요인은 모델의 구조에 관한 것인데 예컨대 낙관주의나 비관주의와 같은 것이다.

민간기업이 예상수익률을 생각할 때 낙관주의라든가 비관주의의 영향이 강하면 모델에서 정확한 결과를 얻는 것은 불가능하다. 또 동태적인 경제주체의 반응을 모델에 의해서 파악하는 것은 매우 어렵다. 석유위기 전에 구성된 모델이 석유위기에 잘 반응하지 못한 것은 잘 알려져 있는 사실이다. 또 우리가 다루는 많은 통계자료는 오차라든가 편의(偏倚)를 갖고 있다. 경제이론에서 전제하는 바와 같은 정확한 통계자료는 현실적으로는 거의 존재하지 않는다고 볼 수 있다.

계량경제 모델에는 이러한 한계가 있는 외에 우리로 하여금 회의하게끔 만드는 요인이 있다. 모델 구성자는 어떠한 예측결과도 얻을 수 있기 때문이다. 모델 구성자는 추가요소(追加要素)라고 불리는 변수를 모델에 추가하는 것에 의해서, 혹은 외생변수(外生變數)(내생변수를 결정하는 요인. 이에는 세율, 수출 등과 같이 정부라든가 기업 등의 경제주체가 컨트롤할 수 있는 변수와 곡물의 흉작 등의 자연현상이라든가 산유국의 수출량의 제한에 기인하는 변화 등과 같이 컨트롤할 수 없는 변수가 있다.)의 장래 추측치를 임의로 변경하는 것에 의해서 자기가 바라는 예측결과를 유도할 수 있다.

물론 이러한 주관적인 조정은 어느 정도는 피할 수 없는 일이다. 예컨대 예측자가 특정의 사람에 대해서 얻은 특정의 정보와 하나 혹은 복수의 수식으로 표현되는 상황 사이에 괴리가 있는 경우에는 어떤 조정을 하는 것은 불가피하다. 그러나 이 주관적인 조정은 필시 모델의 공헌도(貢獻度)를 감소시킨다.

그러면 도달 가능한 계량경제 모델의 정확성은 어느 정도인가. 미국 MIT 교수인 E. 쿠에 의하면 적어도 미국에서는 예측이 유효한 것은 6 내지 8/4분기라고 한다. 그 이상의 기간에서는 주로 다음의 두 가지 이유에 의해서 정확성이 급속히 떨어지기 때문이다. 하나의 이유는 우연요인에 의한 오차가 시간의 경과와 함께 누적적으로 커지는 것이고 다른 하나의 이유는 외생변수의 추측치가 실적치와 괴리되는 것이다.

그러나 분명한 것은 예측기간중에 역사적인 경험을 초월한 범위에서 변동이 일어난 경우에는 정확성을 확보하는 일은 불가능하다는 사실이다. 예컨대 그때까지의 통계자료에 의해서 원유가격이 1973년에서 1980년까지 사이에 8배로 상승하는 것을 예측하는 일은 누구에게나 불가능한 일이었다. 이러한 예지(豫知)할 수 없는 충격은 특히 예측을 어렵게 만든다.

일반적으로 정확성은 어느 경우에는 높고 어느 경우에는 낮다. 따라서 앞으로 정확성에 대해서는 더욱더 연구해 가지 않으면 안 된다. 또 실제에 있어서 계량경제학자는 모델을 보다 정확하게 하고 신뢰도를 보다 높이기 위해서 노력을 계속하고 있는 것이 사실이다. 이러한 노력이 지속되는 한 앞으로 더욱더 모델의 질이 개선되며 모델이 무엇을 달성할 수 있고 무엇을 달성할 수 없는가가 분명하게 되며, 모델은 보다 견고한 과학적인 수단으로 될 것이다.

　그러나 이에 못지않는 것, 아니 어떻게 보면 가장 중요한 것이라고 할 수 있는 것은 경제현실에 대한 「감(勘)」을 날카롭게 하기 위한 경제예측자의 부단한 노력이라는 점을 결코 잊어서는 안 된다. 경제현실이야말로 경제예측의 최종심판자라고 할 수 있기 때문이다. 또 경제현실에 대한 날카로운 「감」을 갖고 있는 경제예측자는 추가요소를 모델에 추가하거나 외생변수의 장래의 추측치를 변경하는 데 있어서 경제현실에 잘 부합하는 방향으로 처리할 수 있음으로써 앞에서 말한, 경제예측자의 자의성(恣意性)이라는 계량경제 모델에 대한 우리의 회의가 덜어질 가능성이 커지기도 한다.

　사실 미국의 펜실베이니아 대학교 교수인 L. R. 클라인도, 그의 지도를 받고 최근에 귀국한 사람에 의하면, 경제현실에 대한 「감」을 날카롭게 하기 위해서 많은 시간을 각종의 신문 잡지류 조사결과 등을 읽는 데 들이고 있다고 한다. 그는 계량경제학의 발전, 계량경제 모델에 의한 경제예측의 발전 등에 대한 공헌으로 해서 일찍이 노벨 경제학상을 수상한 바 있다.

　분명히 유명한 점쟁이가 신통하게 점칠 수 있듯이 또 유명한 한의사가 신통하게 진맥할 수 있듯이 「장인(匠人)」의 경지에 이른 경제예측자도 경제현실의 파악을 위한 그의 오랜 노력의 결정물(結晶物)로서 얻어진 독특한 「감」으로 경제현실에 잘 부합하는 예측을 할 수 있다고 말할 수 있다. 그러나 그 「감」을 객관화시킬 수 있는 수단을 갖지 못할 때에는 그 예측결과가 객관성을 인정받지 못하는 데 문제가 있다. 그러기에 그것을 객관화시키는 수단이 필요하게 되는데 바로 계량경제모델이 그 역할을 하는 것이라고 할 수 있다.

결국 이렇게 보면 객관화된 그리고 유명한「장인」의 경제예측 이것이 우리에게 진정으로 필요한 것이 되는 셈이다. 그것은 곧 부단히 경제현실에 대한「감」을 날카롭게 해가는 사람들에 의한, 계량경제 모델을 이용한 경제예측이다.

(1984. 12. 20.《週刊每經》)

美달러의 向方

미국의 부루킹스 연구소는 우리나라에서도 잘 알려져 있는 연구소다. 현재 그 소장으로 있는 사람은 1960~1964년에 재무차관을 지낸 R. V. 로자이다.

그런데 로자에 의하면 1980년 이후의 미 달러고(高)를 초래한 요인에는 다음의 다섯 가지가 있다고 한다. ① 달러가 항상 국제결제통화(國際決濟通貨)로서 사용될 수 있는 것 ② 달러 표시 자산(資産)의 안전성, 즉 미국 국내에서 자산을 보유하든 다른 나라에서 달러 표시의 자산을 보유하든 달러 자산은 안전성이라는 점에서 높은 평가를 받고 있었다는 것 ③ 수익성(收益性)과 성장성(成長性)의 매력이 충만한 미국 경제 ④ 달러 표시 채권의 고금리의 매력 ⑤ 투기의 대상으로서의 매력 즉 달러가 더 높아지는 것은 아닌가라는 기대하에서 투기가는 가 자산 선호(選好)를 달러로 이동시킨 것.

그는 나아가서 이들 요인에 각국의 특수한 사정도 있어서 마르크, 프랑, 파운드의 달러에 대한 환율이 급락(急落)한 것과 엔(圓)이 여전히 달러에 대해서 과소평가(過少評價)되어 오고 있는 것도 가세(加勢)한 것으로 생각하고 있다. 그리고 그는 이들 요인 가운데에서 ④의 미국의 고금리가 가장 중요한 것으로 여기고 있다.

그런가 하면 그에 의하면 달러고가 미국 경제와 세계경제에 미친 영향은 각각 다음과 같다고 한다. 우선 미국 경제에 미친 영향으로서는 ① 인플레이션의 저하(低下) ② 국내에서의 경쟁심의 환기 ③ 보호주의의 증대 ④ 미국의 대외채무의 증가의 네 가기가 들어질 수 있다고 한다. 다음에 세계경제에 미친 영향은 다음의 네 가지라고 한다. ① 각국이 대미(對美)수출을 증가시킨 것 ② 미국 이외의 여러 나라에서도 수입은 달러 표시로 행해지는 일이 많기 때문에 달러고 분(分)만큼 달러 표시의 수입 코스트가 상승한 것 ③ 저축의 유출(流出) ④ 저개발국(低開發國)이 갖고 있는 누적채무(累積債務)의 악화.

한편 로자에 의하면 달러의 장래에 대해서는 ① 현상대로 잘 될 것이다 ② 2, 3년 내에 커다란 위기가 일어날 가능성이 있다. ③ 잠재(潛在)하는 위기를 회피하기 위해서 긴급시 대응계획의 작성이 필요하다는 세 가지 시나리오가 있다고 한다.

현상대로 잘 될 것이다

이것은 현재 미국 행정부가 말하고 있는 것이 옳다고 하는 생각이다. 이 설의 줄거리는 다음과 같다. 우선 경기의 확장은 지속되며 재정지출은 서서히 삭감되어 가는 외에 세부담(稅負擔)을 무겁게 할 필요도 없으며 감세(減稅)마저 실시될 가능성이 있다. 다른 한편 개인이라든가 법인의 소득이 증가하고 세수입이 증가하므로 재정적자는 감소한다. 또 소득의 상승에 따라서 저축도 증가하며 또 재정적자도 삭감되기 때문에 금리는 하락한다. 그렇게 되면 인플레이션은 진정되게 되며 달러의 환율도 서서히 하락하게 될 것이다.

그 결과 국제수지의 적자는 경상수지(經常收支) 적자, 무역 적자 할 것 없이 감소하게 될 것이다. 그러나 경기는 지속적으로 확장해 가기 때문에 수요(需要)면에서의 감소는 없으며 따라서 미국의 무역업자도 걱정할 일이 없게 된다. 왜냐하면 미국 경제는 확대를 지속하므로 종래대로 충분하게 수입을 흡수해 갈 수 있기 때문이다.

위기가 일어날 가능성이 있다

한편 위기설 논자들은 현재의 지속적인 경기확장의 이면에는 위기의 싹이 숨어 있다고 주장한다. 즉 행정부가 그리는 재정적자 삭감의 효과가 나타나기 전에 고금리 때문에 경기확장의 기초를 이루는 기업의 설비투자라든가 주택구입이 감소해 버릴 것이 아니겠는가라고 주장한다. 그들은 논거(論據)로서 ① 금융기관의 고금리 ② 미국내외의 채무문제와 이에 의한 은행의 유동성(流動性) 감소 ③ 외국인의 달러 자산 보유자가 달러에서 이탈할 가능성의 세 가지를 든다. 그들은 현재의 재정적자가 현 수준보다도 줄어드는 일이 없다고 생각하고 있다. 도리어 적자가 증가하는 것이 아닌가라고 생각하고 있는 것 같다.

緊急時 대응계획의 작성

이것은 의식적으로 계속해서 적자 삭감책을 취할 필요가 있다는 견해이다. 바꾸어 말하면 재정적자의 삭감으로 서서히 달러고를 시정하기 위해서 일시적인 조치로 증수(增收)를 도모하면서 세제(稅制)를 본격적으로 검토하여 개혁안을 작성하려고 하는 견해이다. 적어도 금융계의 찬성을 얻고 있는 견해이며 로자 자신도 찬성하고 있는 것이다. 만약 이 견해에 따라서 의식적으로 적자삭감을 위한 조치가 취해지고 이것이 금융계에 의해서도 평가되게 되면 금리는 서서히 하락할 것이며 또 달러의 가치도 하락하게 될 것이다.

끝으로 로자는 제1의 견해와 제2의 견해의 타협의 결과로서 제3의 견해가 채택될 가능성이 크며 만약 그렇게 되면 여전히 달러는 지배적인 역할을 지속하게 될 것이라고 보고 있다. 그러나 다른 한편에서 엔의 역할도 증대하게 될 것이라는, 즉 엔은 달러와 함께 국제통화제도 중에서 주요 기축통화(基軸通貨)로서의 역할을 보다 많이 하게 될 것이라는 전망을 하고 있다. 따라서 그는 앞으로는 미·일 양국 플러스 제3의 나라(아마 서독이 될 것이다)의 3개국이 핵이 되어 통화제도는 움직여 갈 것이라고 생각하고 있다. 어떻든 그에 의하면 가까운 장래에 이 3개국의 주요 기축통화 사이에 보다 긴밀한 협력관계가 구축되는 것은 틀림없으며 이것은 상당히 유망한 길이라고 한다.

상술한 로자의 견해 내지 전망이 맞을는지 안 맞을는지는 모를 일이다. 그러나 분명한 것은 만약 앞으로도 달러고가 여전히 지속된다면 그것이 세계경제에 미칠 영향 중 ②~④ 즉 마이너스 요인이 그대로 존속할 것이라는 점이다. 그렇다면 그 동안 플러스 요인인 ①보다도 이들 마이너스 요인이 늘었다는 것이 사실이라고 할 때 우리나라로서도 그 경우에 대한 대비를 소홀히 할 수 없음은 말할 나위도 없다. 특히 ④를 심각하게 받아들여야 할 것이다. 마침 올해에는 재계(財界)에서도 외채감축(外債減縮)을 위해서 진력할 것이라는 것을 천명한 바 있다.

국내적인 노력이 무엇보다도 우선해야 하겠지만 해외요인에 대한 대비도 결코 가볍게 여길 수 없음을 감안할 때 더욱이 그러하다고 할 수 있다.

그뿐 아니다. 달러고가 미국 경제에 미친 영향 중 ③ 보호주의의 증대가 있음에 유의할 필요가 있다. 만약 달러고가 지속된다면 이 영향은 역시 그대로 존속할 것이 아니겠는가. 그렇지 않아도 대통령선거 후에 예상되는 경기둔화 내지 불경기로 우리나라 상품에 대한 수입규제의 강화가 우려되고 있는 터에 달러고가 그대로 지속된다면 우리나라 상품수출에 대한 애로는 더욱더 커질 가능성이 있다고 할 수 있을 것이다. 게다가 우리나라의 환율 결정방식이 달러에 의존하고 있는 관계로 달러고는 곧 원고(高)도 의미한다면 달러권(圈) 외의 지역에 대한 수출의 부진도 예상된다고 할 수 있을 것으로 생각된다.

따라서 로자의 전망이 맞고 안 맞고는 관계없다고 하지만 달러의 향방에 대한 우리 나름의 정밀한 분석에 의거한 전망을 갖도록 하는 것이 사전 대비를 위한 필요불가결한 일의 하나라고 할 수 있을 것이다.

(1985. 7.《財政》)

외국인 直接投資

기업의 직접경영권의 지배를 목적으로 하지 않는 유가증권 투자를 의미하는 외국인 간접투자와는 달라서 외국인 직접투자는 기업의 직접경영권의 지배를 목적으로 하는 투자를 말한다. 이의 목적 내지 동기로서는 대체로 공여측(투자측)에서는 시장확보, 노동력 확보(관리자 포함), 자원확보, 수출거점 확보 등이, 그리고 도입측(수용측)에서는 자본부족의 보전, 기술도입(생산기술, 경영기술 포함), 원료수입 확보, 수출 보장, 국내시장에서의 유리한 경쟁 등이 각각 들어진다.

우리나라의 경우 1962년에 외국인 직접투자에 대한 법적 근거를 마련한 이후 계속해서 외국인 직접투자의 문호를 넓혀 왔다. 그러나 작년인 1984년 6월 말까지는 투자가 가능한 업종을 열거하고 제한된 범위 내에서 외국인투자를 인가하는 입장을 취해 온 것이 사실이다. 그것이 1984년 7월 1일부터 바뀌었다. 즉 정부는 투자 가능 업종 열거방식 대신에 특별히 고시(告示)되는 금지 내지 제한업종 이외에는 투자가 가능하도록 했다. 따라서 외국인 직접투자가 대폭 완화된 셈이다. 금지된 업종은 상하수도(上下水道), 우편 등 공익사업, 환경오염을 유발하는 위해사업(危害事業), 미풍양속에 반하는 사치성 경마사업, 신문발행업 등의 통신사업 등으로 되어 있으며 제한업종은 에너지 다소비(多消費), 사치성, 공해다발(公害多發) 등의 사업으로 되어 있다. 한편 시행령에 규정되지 않은 세부사항은 고시 등에 의해서 보완되게 되어 있다.

　사실은 그 동안 원리금상환(元利金償還) 부담이 따르지 않는다고 해서 국제수지가 악화될 때마다 외국인 직접투자가 강조되어 왔다고 할 수 있는데 어쩌면 이번의 완화조치는 이런 전철을 밟고 있는 것인지도 모르겠다. 우선 우리나라에 대한 외국인 직접투자의 인가액과 도착액을 보면 금년 3월까지 인가액은 27.13억 달러(1,721건), 도착액은 16.31억 달러에 이르고 있다. 그러나 취소 또는 감액되거나 외국인 지분(持分)을 내국인(內國人)이 인수한 경우를 제외하면 현존 인가액은 22.04억 달러(1,083건)이며 원본회수(元本回收)된 3.58억 달러를 제외하면 12.73억 달러이다. 대체로 도착액은 대대적인 중화학공업화의 추진 탓으로 1972년 이후에는 1980년을 제외하고서는 매년 1억 달러를 상회했다. 그리고 특히 1984년에는 그것이 1.71억 달러나 된다. 다음에 외국인 투자기업의 과실송금(果實送金)액은 3월 말까지 5.57억 달러에 달하고 있으며 외국인 직접투자가 장기 자본도입 총액에서 차지하는 비중은 4% 내외인 것으로 알려져 있다.

　한편 국별로는 도착액 16.31억 달러 중에서 일본과 미국이 차지하는 비중은 50.1%(8.17억 달러)와 29.6%(4.44억 달러)이다. 그러나 1962~1971년과 1980년 이후에는 각각 일본 35.7%, 미국 41.4%, 일본 36.1%, 미국 46.3%로서 미국의 비중이 일본의 비중을 앞서고 있다. 이에서 알 수 있듯이 외국인 직접투자는 미·일 양국에 편중되어 있다. 그리고 산업별로는 도착액 16.31억 달러 중에서 광공업이 12.11억 달러로서 74.3%를 차지하고 있으며 사회간접자본은 24.6%(4.01억 달러)를 차지하고 있다. 업종별로는 화공(17.8%), 전기 및 전자(16.1%), 호텔관광

(11.9%), 섬유·의류(8.5%), 기계(7.7%), 건설 및 용역(6.6%) 등의 비중이 크다. 그러나 섬유·의류는 1979년까지는 화공 다음으로 큰 비중을 차지하고 있었다. 이것은 1970년 초에 마산 수출자유지역의 설치와 더불어 일본인 투자가들이 크게 늘어난 데 연유한다. 이에 반해서 기계는 1980년 이후에 급격히 늘고 있다. 대체로 1980년대에 들어서는 섬유 및 의류에 대한 외국인 투자는 격감하고 있으며 화공에 대한 투자는 계속돼서 전기·전자와 기계에 대한 투자는 급격히 늘고 있다고 할 수 있다.

앞으로는 이런 경향은 지속될 것이다. 또 작년 7월부터 대폭 완화됨에 따라서 외국인 직접투자는 크게 늘어날 것이다. 물론 앞에서 언급한 외국인 직접투자의 목적 내지 동기에서 외국인 직접투자의 장점 내지 이익이 무엇인지를 짐작할 수 있을 것이다. 그러나 그것에는 이익만 있는 것이 아니다. 그것에는 불이익도 많다. 따라서 그 이익은 무엇이고 불이익은 무엇인지를 차제에 제대로 검토해 볼 필요가 있지 않나 생각된다. 그럴 때 비로소 외국인 직접투자에 대한 우리들의 입장이 분명하고도 확고해질 것이기 때문이다.

일반적으로 외국인 직접투자의 이익으로서는 ① 자본부족을 해결해 준다. ② 기술진보와 경영관리의 근대화를 초래해서 산업의 국제경쟁력을 강화시킨다. ③ 수출의 증가와 국제수지개선에 기여한다. ④ 고용의 증가를 초래한다. 그리고 외국계 기업은 고임금(高賃金)을 지불함으로써 국내임금의 제고(提高)를 위한 압력을 가한다. ⑤ 경쟁의 자극을 통해서 경제의 체질을 근대화하고 재래제품의 질을 좋게 하며 가격도 싸게 해서 소비자를 보호한다. ⑥ 위험의 분담을 가능하게 한다. ⑦ 보다 많은 조세수입을 가능하게 한다. ⑧ 외부경제(外部經濟)의 창출을 통해서 국내투자를 자극한다 등을 들 수 있다.

반면 불이익으로서는 ① 외국계 기업이 국내시장에서 독과점적 지위를 누리는 것을 가능하게 한다. ② 국내기업의 자금조달을 곤란하게 할 수 있다. ③ 경쟁 국내산업의 파산 혹은 자회사(子會社)의 업무내용 개편을 통해서 실업(失業)을 발생시킬 수 있다. ④ 국내 정부의 정책실시에 장애물이 될 수 있다. ⑤ 수입제한조치를 우회하는 방법일 수 있다. ⑥ 국내저축을 감소시킨다. ⑦ 교역조건(交易條件)을 악화시키며 또 국제수지를 악화시킨다. ⑧ 산업구조의 불균형을 초래할 수 있다. ⑨ 대외채무 부담의 영속화를 초래한다. ⑩ 내국인의 투자분을 외국인의 투자분보다 과소평가할 수 있고 투자에 부수해서 불리한 조건의 차관(借款)을 도입시킬 수 있다 등이 들어진다.

이상은 여러 사람들의 주장을 한 데 모아 본 것이다. 따라서 얼른 보면 상충되는 것이 있는 것 같기도 하고 또 이해가 잘 안 가는 것이 있는 것 같기도 할 것이다. 그러나 분명한 것은 입장의 차이에 따라서 그렇게 될 수 있다는 사실이다. 그리고 이해관계의 차이에 따라서 보는 시각 내지 입장의 차이가 생긴다는 사실이다. 어떻게 승패(勝敗)가 분명히 가려지거나 딴 돈의 액수와 잃은 돈의 액수가 분명히 가려질 수 있는 각종 경기나 화투놀이의 경우처럼 이 경우에도 이익과 불이익이 확연하게 가려질 수 있으면 좋겠는데 그렇지 않으니 판가름하기가 어려울 수밖에 없을 것이다.

그러나 이 경우에는 우리나라의 자주성(自主性) 발휘와 우리들의 소비수준을 부단히 제고시키는 역할을 한다고 볼 수 있는 국제적 전시효과(展示效果)의 두 가지에 문제의 초점을 맞춘다면 판가름은 쉽게 날 것으로 생각된다. 그럴 때는 앞에서 든 불이익의 ④ 및 ⑨와 ⑥이 강하게 클로즈업될 것이기 때문이다. 어느 나라치고 자국의 자주성을 상실하는 것을 바라겠는가. 더욱이 우리나라의 경우 각 5개년계획서에서 반드시 자립경제 내지 경제자립이 강조되고 있지 않은가. 또 우리나라에서의 경험도 불이익에서 가장 중시되어야 하는 것이 무엇인지를 잘 말해 주고 있다 할 수 있지 않은가. 게다가 우리나라는 현재 무엇보다도 저축의 필요성을 통감하고 있지 않은가.

따라서 갖가지 이익을 내세우거나 원리금 상환부담이 없다는 것 등을 내세워서 외국인 직접투자를 서두를 것이 아니라 앞에서 든 세 가지 불이익에 특별히 유의하면서 불이익을 극소화시키는 방향으로 나가야 할 것이다. 이것은 그 동안의 우리나라의 경험을 잘 살리는 길이기도 하다. 이상(理想)에 지나지 않는 것인지는 몰라도 「소유는 내국인, 기술은 외국기업, 자본은 공공 소스로 하는」이라는 외국인 직접투자 유치책에 매력을 느끼는 것도 이런 입장에 서 있는 데 기인한다고 할 수 있을까.

(1985. 5.《財政》)

經濟體制에 대하여

　중공(中共)의 당 중앙위 3차 전체회의는 지난 10월 20일에 총 1만6천자 혹은 총 39페이지에 달하는 〈경제개혁에 관한 중공중앙의 결정〉을 만장일치로 채택하여 국내외에 발표했다고 한다. 그리고 그 결정은 새해 1월부터 실시하기로 되었다고 한다.

　이러한 중공의 결정을 특징짓는 표현방식은 매스컴에 따라서 각양각색인 것 같다. 그러나 솔직히 말해서 마치 중공이 「자본주의화(資本主義化)」하는 것 같은 인상을 주는 표현에는 아연실색하지 않을 수 없다. 잘 알려져 있는 바와 같이 경제체제는 개별적인 경제활동(소비활동, 생산활동 등을 말한다)을 고정하는 기구로서 시장・가격기구를 채택하고 있는가, 계획기구를 채택하고 있는가에 따라서 시장경제와 계획경제로 구분된다. 그리고 경제체제는 또 생산수단(기본적인 생산요소를 토지, 자본, 노동의 셋으로 할 때 토지와 자본을 말한다)의 사유화(私有化)가 원칙으로 되어 있는가, 공유화(公有化) 내지 국유화(國有化)가 원칙으로 되어 있는가에 따라서 자본주의와 사회주의로 구분된다. 따라서 조정기구의 기준과 소유의 기준에서 볼 때 경제체제는 자본주의적 시장경제(①), 자본주의적 계획경제(②), 사회주의적 시장경제(③), 사회주의적 계획경제 (④)의 넷으로 구분된다. 이 가운데에서 ①은 오늘날의 서구 선진공업국의 경제체제이고, ②는 과거의 나치스 정권하의 독일이나 파시스트 정권하의 이탈리아 등의 경제체제이고, ③은 오늘날의 유고슬라비아의 경제체제이고, ④는 오늘날의 소련·동구(東歐)제국(유고슬라비아 제외)·중공 등의 경제체제이다. 말할 것도 없이 이 네 가지 중에서 가장 기본적인 경제체제는 역시 ①과 ④이다.

말하자면 생산수단이 사유이며 따라서 생산의 결과 생산된 생산물도 사유인, 그리고 생산물의 종류와 수량을 생산물 시장에 있어서의 수요(需要)와 공급에 자원 즉 생산요소의 사용방법은 기업간의 경쟁에, 소득분배는 생산요소 시장에 있어서의 공급과 수요에 일임되어 있는 경제체제와, 생산수단이 공유 내지 국유이고 따라서 생산의 결과 생산된 생산물도 공유 내지 국유인, 그리고 생산되는 생산물의 종류와 수량 자원의 사용방법, 소득분배가 계획담당기구(예컨대 소련의 고스프란)의 계획에 의거하는 중앙당국의 지령(指令)에 일임되어 있는 경제체제가 가장 기본적인 경제체제인 셈이다. 그리고 보통 경제체제를 달리한다든가 체제경쟁 운운할 때에는 이 ①과 ④를 전제로 하고 있다. 그런데 일반적으로 ①의 주된 결함으로서는 강력하게 제지되지 않는 한 불경기[혹은 불황]과 실업(失業)이 발생하는 점, 부(富)와 소득의 분배가 불균등한 점, 이윤동기(利潤動機), 치열한 경쟁 및 현대적 기술로 말미암아 독과점화(獨寡占化)의 경향을 갖고 있는 점 등이 들어진다. ④는 바로 이런 ①의 주된 결함을 제거하기 위해서 고안된 경제체제이다. 따라서 ①이 오랜 역사를 갖고 있는, 그리고 자연발생적으로 발전해 온 경제체제인 데 대해서 ④는 엄밀히 따지면 1917년 이후의 소련에서 시작된, 그리고 인위적(人爲的)으로 만들어진 경제체제라고 할 수 있다. ④의 주된 결함으로서는 일반적으로 계획목적이 지나치게 생산력의 확충 위주이 거나 비(非)경제적인 요구를 충족시키는 데 있을 뿐 아니라 계획의 목표가 가격·비용관계에 의거해서 결정되는 것이 아 니고 정치적으로 결정되는 점, 계획의 불완전성 예컨대 생산 계획과 공급계획 간의 내부 조정의 불완전으로 말미암은 애로 라든가 분배 및 소비단계에 있어서의 부조화 등과 같은 차질 이 생기는 점, 기업의 관리인이 중앙당국의 지령에 따르게 되 어 있는 관계로 창의성(創意性)과 적극성이 결여되기 쉽고 따 라서 중앙당국의 부단한 감시가 없는 한 품질의 저하, 기술혁 신의 소홀 등이 일어날 가능성이 큰 점 등이 들어진다.

이 양 체제의 주된 결함을 ①의 결함은 ④의 장점이고 ④의 결함은 ①의 장점이라고 바꾸어 표현할 수 있음은 말할 나위 도 없다. 그리고 이러한 양 체제의 주된 결함이 곧 ①의 경우 에는 부분적인 계획원리의 도입, 즉 계획기구에 개별적인 경제 활동의 조정기능을 일임하는 것을 ④의 경우에는 부분적인 시 장원리의 도입, 즉 시장가격기구에의 개별적인 경제활동의 조 정기능을 일임하는 것을 필요하게 만들었다고 보면 현실의 경 제체제에 대해서 일응 이해가 갈 것이다. 어떻든 오늘날 서구 선진공업국에 있어서도 계획원리의 도입 내지 「계획화」가 행 해지고 있고, 그런가 하면 소련에 있어서도 상품의 다양화에 따라서 시장원리의 도입이 행해지고 있다.

즉, 기본적인 경제체제는 ①과 ④라고 해도 현실의 경제체 제는 순수한 ①도 순수한 ④도 아닌 것이 사실이다. 다시 말 하면 현실의 경제체제는 부분적으로 계획원리를 도입하고 있 는 ①과 부분적으로 시장원리를 도입하고 있는 ④인 것이 사 실이다. 결국 이렇게 보면 이번의 중공의 「결정」은 이런 현실을 반영한 것에 지나지 않음을 알 수 있을 것이다. 그것은 어디까지나 중공이 사회주의적 계획경제를 견지하면서 부분적으로 시장원리를 도입한다는 것을 국내외적으로 분명히 밝힌 것으로 보아야 한다.

물론 ①과 ④를 간단히 자본주의와 사회주의라고 부르는 수도 있으므로 자본주의화가 시장경제화로, 즉 시장원리의 도입으로 사용될 수 있을는지 모른다. 그러나 엄밀히 따지거나 혼동을 초래시키지 않기 위해서는 시장경제화 내지 시장원리의 도입을 자본주의화로 표현해서는 안 된다. 어디까지나 시장경제화 내지 시장원리의 도입으로 표현해야 마땅한 것이다. 자본주의와 사회주의는 생산수단의 소유를 기준으로 한 경제체제의 구분이라는 것을 알고 있다면 이 말에 수긍이 갈 것이다.

우리나라는 인도(印度)처럼 공식 계획기구를 갖고 있는, 즉 부분적으로 계획원리가 도입되고 있는 자본주의적 시장경제국이다. 그리고 그 경제계획은 소련형의 「명령」적 내지 「강권(強權)」적 계획이 아니고, 프랑스의 그것보다 강한 성격의 「지시」적 내지 「유도(誘導)」적 계획이다. 경제계획 작성의 책임은 계획담당 기구인 경제기획원이 지고, 계획의 실제 집행의 책임은 그 소관부처가 지고, 계획의 지도와 실적의 평가는 경제기획원이 담당하게 되어 있다.

이에 대해서 북한(北韓)은 사회주의적 계획경제국이다. 즉 협동조합 소유와 국유로, 단일화된 사회주의적 소유하에 「명령」적 경제계획을 실시하고 있는 나라이다. 그리고 계획담당 기구로서는 중앙에 국가계획위원회가 있고 지방에 국가계획위원회의 산하기간으로서 도(직할시)·시(구역)·군 계획위원회가 있다. 이 지방 계획기관은 중앙 계획기관과 지방 인민위원회에 이원적(二元的)으로 종속되어 있다. ①의 장해에 대해서는 K. 마르크스나 J. A. 슘페터의 견해처럼 그것이 붕괴 내지 멸망한다고 하는 붕괴론 내지 침몰론(沈沒論)이 있는가 하면 J. 틴버겐이라든가 J. K. 갈브레이드의 견해처럼 그것이 ④와 수렴(收斂)한다고 하는, 즉 ①과 ④의 장점이 잘 살려져 있는 새로운 경제체제로 바뀐다는 수렴론이 있는가 하면, F. A. V. 하이예크나 골수 공산주의자 등의 견해처럼 그것이 ④와 대립하면서 계속 존속한다고 하는 대립론이 있다. 일단 경제체제를 달리하는 두 나라가 평화적으로 통일한다는 것을 전제로 할 때에는 수렴론이 크게 어필하게 될 것이다. 그러나 현실의 권력구조의 속성(屬性)을 이해한다면 역시 대립론이 현실적인 견해라고 할 수 있다는 주장이 있는 것이 사실이다.

그러나 분명한 것은 ①의 결정적인 결함은 부와 소득 분배의 불균등이며 따라서 부와 소득의 분배를 소홀히 하거나 경시할 때에는 ①은 일대 위협을 받게 된다는 점이다. 어떻게 보면 ④의 등장도 바로 이 ①의 결함에 주로 기인한다고 해도 과언이 아닐 것이다. 따라서 경제체제의 경쟁에 있어서 ①이 우위를 차지하기 위해서는 ①의 결정적인 결함에 슬기롭게 대처해 가면서 성장을 지속시키는 것이 끽긴(喫緊)한 일임을 간과해서는 안 될 것이다. GNP와 1인당 GNP의 획기적인 증가 등은 그 다음의 과제라고 할 수 있다. 그리고 이 결함에 대한 슬기로운 대처는 국력(國力)의 평가에 있어서도 특별히 강조되어야 한다.

(1984. 12. 《財政》)

이솝寓話의 교훈

이솝우화(寓話)에 소의 배처럼 커지려고 무턱대고 물로 배를 채우다가 배 터지는 개구리를 그린 부분이 있다. 이것은 자기 분수를 모르는 사람 혹은 개성이 뚜렷하지 못한 사람에 대한 하나의 경고로 볼 수 있다. 그런데 오늘날에 와서는 후진국 내지 저개발국의 사람들을 이 우화 속의 개구리와 같은 처지로 몰아넣는 효과가 있다. 그것은 국제적 전시효과(展示效果)이다. 이것은 가난한 후진국의 사람들로 하여금 부유한 선진국 사람들의 소비생활을 모방하도록 만드는 유혹을 말한다.

사실 오늘날 많은 후진국이 직면하고 있는 고민 중의 하나가 바로 이 국제적 전시효과를 어떻게 방지하느냐 하는 문제이다. 선진국 사람들의 소비생활을 후진국의 사람들이 따른다면 자연히 생활에 무리가 생기게 되며 급기야는 걷잡을 수 없는 상태에까지 이르게 됨은 당연한 일이라고 할 수 있다. 설사 그렇게까지는 안 된다고 하더라도 소비가 조장될 소지가 많고 나아가서 저축 여력이 감소될 가능성과 외국 빚을 짊어질 가능성이 많은 것은 분명하다. 오늘날 일본이 선진국의 대열에 끼이게 된 것은 경제개발 초기에「근면은 미덕이다」라는 그 당시의 사회풍조로 이 국제적 전시효과를 방지하고 기술만 그 당시의 선진국으로부터 도입하는 것에 성공한데에 연유한다고 한다.

우리나라에서 국제적 전시효과가 얼마나 위력을 발휘하고

있는가는 우리들이 얼마나 유행에 민감한가에서 특히 잘 알 수 있을 것이다. 집에서 쓰는 것을 보아도, 길거리 버스·지하철·기차 등에서 입고 있는 것, 들고 있는 것을 보아도 우리나라에서의 유행의 위력은 명백하다.

어떻게 보면 경제학자인 갈브레이드의 말을 빌리지 않아도 메이커가 그것을 부채질하는 면이 많은 것 같다. 또 패션 쇼 등도 그런 것같이 생각된다. 그러나 자기 분수를 모르고 유행을 좇다 보면 낭비를 하게 되어 개인적으로는 저축할 여력(餘力)을 못 갖거나 적자생활을 하지 않을 수 없게 되며 나라 전체로서는 저축 부족이 초래되며 외국 빚을 짊어지게 되는 것은 뻔한 일이다. 이것은 결코 바람직한 일이 아니다. 그런가 하면 현재의 우리나라의 국내 저축률과 외국 빚의 규모 등을 감안할 때 저축증대와 외국 빚의 감축은 끽긴(喫緊)을 요하는 우리 경제의 과제라고 아니 할 수 없다. 그 동안도, 현재도 국내저축의 증대가 강력하게 추진되어 왔고 추진되고 있는 것도 바로 이에 기인한다. 앞으로도 강력한 국내저축의 증대는 지속되어야 할 것이다.

저축의 증대를 위해서는 낭비의 제거와 소비의 절약이 필요하며 또 낭비의 제거와 소비의 절약을 위해서는 재정금융정책수단(財政金融政策手段)의 동원이 전제가 되지만 우선해서 우리들이 자기 분수를 지키거나 개성적이거나 개성을 발휘하거나 하여 국제적 전시효과 내지 유행을 방지해야 함은 췌언(贅言)을 요하지 않는다. 그런 의미에서 우리나라에서는 현재 개성적인 것 내지 개성의 발휘가 강조되어야 한다. 물론 개성적이라는 것은 개인주의적이라는 것과 다르며 또 개성의 발휘는 개인주의 내지 이기주의의 발휘와 전적으로 다르다.

왜냐하면 개인주의는 개성과 개인의 자각(自覺)에 기초를 두는 것이지만, 개성과 개인의 자각은 반드시 개인주의에만 특유한 것은 아니며, 또 개성의 발휘는 예컨대 무엇이 세상에서 유행되고 있는가, 어떻게 하면 세상 풍조에 뒤지지 않는가에 대해서 전혀 한눈을 팔지 않고 오로지 자기에게 알맞은 것만을 실천해 가는 것과 같이 각 개인의 특이성(特異性)의 발휘라고 할 수 있기 때문이다.

이처럼 개성적인 것 내지 개성의 발휘, 그것도 뚜렷한 개성의 발휘는 유행을 등지는 것이므로 유행이 위력을 발휘할 소지를 없애 줄 것이다. 그러나 우리들의 소비생활에만 그치지 않고 이 국제적 전시효과는 우리들의 사고(思考)에까지 큰 영향을 미치고 있는 것 같다. 즉, 그것은 우리들로 하여금 선진국의 것은 무엇이든지 좋다든가 옳은 것으로 생각하게 만들고 있는 것 같다. 말하자면 사고에 있어서마저 개성 내지 자기 분수를 지키지 못하게 만들고 있는 것 같다. 이것은 우리들의 외국상품 선호(選好)의 성향(性向)이 강한 것, 외국에서 유행하고 있는 학설 내지 사상을 무비판적으로 수용하려고 하는 우리나라 학계의 동향 등에서 잘 알 수 있을 것이다.

혹은 헤겔이 말하는 추상적인 사고를 하는 사람들 내지 소위 「프로크루스테스의 침대」의 우(愚)를 범하고 있는 사람들이 우리 주위에 많이 있는 것에서 알 수 있다고 해도 좋다.

〈추상적인 사고를 하는 사람은 누구인가〉라는 작은 논문에서 철학자인 헤겔은 다음과 같이 말하고 있다.『어떤 죄인이 처형장으로 끌려가는 것을 보고 있던 아낙네들이 그 남자를 보고 미남이라고 했다. 그런데 어떤 시민이 그 말을 듣고 「죄인을 미남이라고 하는 사람들이 어디 있어」 하고 성을 발끈 내어

외쳤다. 이 시민은 죄인이라는 추상개념(抽象槪念)으로 산 인간을 생각하고 있는 사람이며 그 생각하는 바는 추상적이다.』

희랍의 옛이야기에 의하면 프로크루스테스라는 희대의 악한이 있었다. 그는 침대 하나를 준비하고 있다가 키 큰 손님이 오면 잠자는 사이에 침대의 길이에 맞추어서 다리를 잘라서 죽이고 키 작은 손님이 오면 침대의 길이까지 다리를 늘여서 죽였다고 한다. 그러기에 모든 것을 어떤 하나의 규준 내지 척도에 무리하게 끼워 맞추어서 생각하는 것을 프로크루스테스의 침대의 우를 범하는 것이라고 말하는데, 말하자면 그 시민은 이 우를 범한 셈이다.

그러나 죄인이라고 해서 하나에서 열까지 나쁜 것이 아니고 죄인이 미남이라고 해도 조금도 지장이 없을 뿐 아니라 미남이기 때문에 도리어 죄인이 되었는지도 모르지 않는가. 산 사람을 생각하는데 추상개념으로 생각하면 이와 같은 무리가 발생하는 것이다.

이렇게 보면 현재 우리나라에서 진정으로 필요한 것은 개성이 뚜렷한 사람들, 혹은 뚜렷한 개성을 발휘할 줄 아는 사람들인 것같이 생각된다. 다시 말하면 소비생활에서나 사고에서 국제적 전시효과에 영향을 받지 않는 사람들이 무엇보다도 필요하다는 말이다. 어떻든 오늘날의 후진국으로 하여금 후진국의 멍에를 벗어나게 하는 데 있어서, 소비생활에 있어서의 국제적 전시효과의 방지가 결정적으로 중요한 역할을 하는 것과 같이, 개성의 뚜렷함, 즉 사고에 있어서의 국제적 전시효과의 방지 또한 못지않게 중요한 역할을 하는 것임에 틀림없다.

물론 이 소비생활과 사고에 있어서의 국제적 전시효과를 방지하는 데 있어서는 정부인사와 일반 사회지도층의 솔선수범이, 또 그 효과가 위력을 발휘할 소지를 조금도 허용치 않는 건전한 환경의 조성이 각각 결정적으로 중요한 전제가 된다. 이 환경의 조성과 관련해서는 영국의 알프레드 마샬의 생각이 시사하는 바 많다고 할 수 있다. 그는 케임브리지 대학의 경제학부의 창립자인 동시에 좁은 의미의 신고전학파 즉 케임브리지 학파의 창시자이다. 그러기에 오늘날의 경제학에 준 그의 영향은 지대하다. 그런데 그는 부(富)의 분배의 불평등을 시정하는 그 나름의 방법으로서 실업가(實業家)로 하여금 경제기사도(經濟騎士道), 즉 사업에서의 과시(誇示) 욕구가 아니고 사업에서의 우월욕구, 바꾸어 말하면 사업에서의 뛰어남 내지는 우월성 그 자체 속에서 희열을 찾으려고 하는 태도에 투철할 것을 강조하면서 그에 그치지 않고 나아가서 실업가가 경제기사도에 투철하지 않고서는 배길 수 없는 환경의 조성을 역설했던 것이다. 이 환경의 조성에 있어서 여론의 역할이 중시된 것은 말할 여지가 없다.

(1984. 8. 《財政》)

構造重視의 視角

경제구조는 국가경제의 분지체(分岐體)의 전체에 대한 결합관계를 나타내는 비례성(比例性)의 총체라고 정의할 수 있다. 이렇게 정의되는 경제구조의 일면을 나타내는 것이 곧 산업구조, 생산구조 또는 자본구조, 무역구조, 취업구조 등이라고 볼 수 있다. 왜냐하면 국민경제는 이들 산업구조, 자본구조, 무역구조, 취업구조 등의 총체로서 파악될 수 있기 때문이다. 그런데 산업구조의 경우처럼 경제구조의 일면을 나타내는 구조는 다시 공업구조라든가 농업구조와 같은 부분구조를 가지며, 또 이 공업구조라는 부분구조도 중화학공업구조와 같이 더 범위가 좁은 부분구조를 가질 수가 있다. 그와는 다른 기준에서 파악해 보면 동일 산업의 생산단위인 기업의 재무구조와 같은 것도 부분구조가 될 수 있다.

대체로 경제구조라는 용어가 경제학의 체계 속의 문제로 삼아지게 된 것은 제1차대전 이후의 일로 간주되고 있다. 그것은 아담 스미스 이래의 전통적인 경제학의 조화적 세계상(調和的世界像)이 커다란 수정(修正)을 받게 되어 원자론적(原子論的)인 경제의 파악을 넘어서 경제의 전면적인 프레임워크[틀]와 그 구성을 파악할 필요성이 의식된 데서 발단하고 있다.

또 전쟁에 기인하는 경제현상의 대변혁으로 인해서 종래의 경기변동론(景氣變動論) 내지 경기순환론(景氣循環論)으로서는 파악되지 않는 문제가 제기된 데에서도 발단하고 있다. 말하자면 제1차대전은 일정한 주기(週期)로 호경기(호황)와 불황기(불황)가 교대되는 반복적인 변동인 경기변동 내지 순환변동의 과정에서 야기되는 문제와는 판이한 문제 즉 커다란 경제구조의 변동과정에서 야기되는 문제에 대한 관심을 환기시킨 셈이다. 사실상 구조적 실업(失業), 구조적 인플레이션 또는 구조대책(構造對策)이라는 말이 등장한 것도 제1차대전 이후의 일이다.

구조문제(構造問題)는 일단 이 경제구조의 변동과정에서 야기되는 문제이다. 따라서 순환변동(循環變動)의 과정에서 야기되는 문제를 표면상으로서의 순환문제라고 말할 때 구조문제는 비(非)순환문제이다. 그러기에 그 문제는 순환문제를 다루는 경기변동론만으로는 파악될 수 없으며 순환문제에 대한 대책인 경기대책 내지 경기순환정책(景氣循環政策)으로서는 해결될 수 없는 문제라고 할 수 있다. 또 그 문제는 순환문제가 주기적이고 반복적인 데 반하여 누적적인 문제라고 할 수 있다.

달리 표현하면 순환변동은 주로 3 내지 3·1/3년을 주기로 하는 단기파동(短期波動)[단기순환]과 8 내지 10년을 주기로 하는 중기파동(中期波動)[중기순환]을 뜻하고 경우에 따라서는 1년 이상 3년 미만을 주기로 하는 파동을 뜻하기 때문에 순환문제가 단·중기적이고 일정한 주기를 갖고서 되풀이되는 문제인 데 대하여 구조문제는 장기적이고 일방적으로 누적되는 문제라고 할 수 있다.

한편 그것은 경제구조의 변동과정에서 야기되는 문제이므로 경제구조의 개편 내지 전환을 필요로 한다. 그리고 그것은 경제개발전략 내지 경제정책의 산물이다. 따라서 경제개발전략 내지 경제정책의 전환을 필요로 하는 문제이며 또 경제정책의 장기적인 효과에 의해서 누적되어 나타난 것이므로 경제정책의 장기적 목표 또는 그 기조라는 면에서 다루어져야 할 뿐 아니라 그 해결에 장시일이 요하는 문제이다.

이에서 구조문제는 ① 비순환문제이며 ② 경기대책으로서는 해결될 수 없는 문제이며 ③ 장기적인 문제이며 ④ 누적적인 문제이며 ⑤ 경제구조의 개편 내지 전환과 경제개발전략 내지 경제정책의 전환을 필요로 하는 문제이며 ⑥ 경제정책의 장기적 목표 또는 그 기조라는 면에서 다루어져야 할 문제이고 오랜 시일이 걸려야 해결될 수 있는 문제임을 알 수 있을 것이다.

우리나라에서는 1979년부터 겪은 경제난국을 해결하는 방안으로서 처음에는 경기변동론적 접근을 취하여 금융정책, 재정정책, 가격안정정책, 무역정책 등의 경기대책의 추진을 도모하는 안이한 태도를 취하다가 한참 뒤에야 비로소 구조적 접근의 필요성과 구조문제로서 경제를 관찰해야 한다는 주장이 정책당국에 의해서 받아들여졌다고 할 수 있다.

그러면 앞에서 규정한 바 있는 구조문제는 우리나라에서는 무엇이라고 할 수 있는가. 일단 그것은 「수출주도(輸出主導)」적 공업화를 통한 고도성장의 실현이라는 경제개발전략을 추진하는 과정에서 야기된 문제라고 정의할 수 있다. 다시 말하면 그 동안 경제개발계획의 추진으로 산업구조의 고도화(高度化)(제조업 비중의 증대), 공업구조의 고도화(중화학공업 비중의 증대), 수출구조의 고도화(공산품 수출 비중 및 중화학 공업제품 수출 비중의 증대) 등이 실현되는 과정에서 농공(農工)간의 연관도(聯關度)가 낮은 형(型)의 산업구조, 대기업 지배형의 생산구조, 해외 의존형의 공업구조, 해외 원자재 가공형 및 수입

유발형(輸入誘發型)의 수출구조, 해외 의존형의 물가구조 등이 형성됨으로써 농업·중소기업의 상대적 위축, 무역수지 및 경상수지 적자의 만성화(慢性化), 외채누증(外債累增) 등의 문제가 야기되었는데 바로 이들 문제가 다름 아닌 구조문제 중의 중요한 것이라 할 수 있다.

그러나 공업구조가 해외 의존형(특히 해외 원자재 및 연료 의존형)이고 수출구조가 해외 원자재 가공형 및 수입유발형이고 물가구조가 해외 의존형이므로 해서, 성장의 촉진이나 경기의 회복 내지 호조(好調) 등으로 수출이 증가하거나 내수(內需)가 증가하면 수입증가로 직결되어 무역수지 및 경상수지 적자가 확대되게 되어 있고, 또 세계경기의 회복 등으로 국제원자재 가격이 상승하거나 국제가격은 그대로라고 해도 환율이 크게 상승하거나 하면 무역수지 및 경상수지 적자가 확대되는 한편, 제조원가(製造原價)의 상승을 통해서 국내 물가가 상승하게 되어 있다. 이렇게 보면 현재 경기의 과열(過熱) 운운과 함께 금년 억제목표를 상회하거나 육박하고 있는 무역수지 및 경상수지 적자, 물가상승이 이야기되고 있는 것은 당연한 일이라고 하지 않을 수 없다. 이처럼 경기의 회복 내지 호조, 무역수지 및 경상수지 적자의 확대, 인플레이션의 동시 진행은 공업구조, 수출구조, 물가구조에서 야기된 문제이다. 바꾸어 말하면 공업구조, 수출구조, 물가구조는 경기의 회복 내지 호조가 무역수지 및 경상수지 적자의 확대와 인플레이션을 동시에 수반하게 되어 있는 그런 형의 것이다. 따라서 이 3자의 동시진행 현상도 구조문제의 하나로 볼 수 있다.

구조문제의 해결은 경제구조의 시정(是正)을 전제로 한다. 따라서 이 3자의 동시진행 현상은 공업구조, 수출구조, 물가구조의 시정 없이는 방지할 수 없다고 할 수 있다. 적어도 그런 구조의 시정을 위한 대책이나 정책적 노력 없이는 소위 금융정책, 재정정책, 환율정책 등은 일시적이고 미봉적인 대책으로 그칠 공산이 크다. 그들 정책으로서는 경제구조의 시정을 기대하기가 어렵기 때문이다.

물론 그런 공업구조, 수출구조, 물가구조를 야기한 경제개발전략이나 경제정책의 전환도 전제가 된다. 그리고 구조문제는 장기적인 문제이고 또 누적적인 문제이다. 따라서 그 해결을 위해서는 오랜 시일이 필요하게 된다. 구조문제의 해결을 위해서는 무엇보다도 올바른 진단 및 처방과 그 처방의 지속적인 추진이 절실한 이유는 바로 여기에 있다.

어떻든 이제는 우리나라의 공업구조, 수출구조, 물가구조가 어떤 형의 것인가를 분명히 이해할 필요가 있으며 또 경기의 회복 내지 호조, 무역수지 및 경상수지 적자의 확대, 인플레이션의 동시진행 현상을 단기적인 문제나 순환문제로 다루어서는 안 되고 어디까지나 구조문제로 다루어야 할 때가 되었다고 할 수 있을 것같이 생각된다.

(1984. 6. 《財政》)

● 저자 ●

변형윤(邊衡尹)　서울대 상대를 졸업하고, 동 대학원에서 경제학 박사 학위를 수여받았다.
서울대 상대 강사로 시작하여 조교수, 부교수, 교수를 거쳐 1992년 2월에
정년퇴임하였다.
서울대 상대학장, 서울대 교수협의회 회장, 한국계량경제학회 회장, 한국
경제학회 회장 등을 역임하였으며, 한국경제학술상, 다산경제학상 등을
수상했다.
현재 서울대 명예교수, 학술원 회원, 서울사회경제연구소 이사장, 한국외
국어대학교 이사장 등으로 활동하고 있다.
저 서
『현대경제학 연구』, 『경제민주화의 길』, 『한국경제론』, 『경제석학의 생애
와 사상(上, 下)』, 『경제학 대논쟁』, 『분배의 경제학』 등 다수

냉철한 머리 따뜻한 마음

● 발행일	2002년 3월 30일
● 2　쇄	2003년 8월 31일
● 지은이	변형윤
● 펴낸이	채종준
● 펴낸곳	한국학술정보(주)
	경기도 파주시 교하읍 문발리 파주출판문화사업단지 538-2
	전화 031) 908-3181(대표) · 팩스 031) 908-3189
	홈페이지 http://www.kstudy.com
	e-mail (e-Book 사업부) ebook@kstudy.com
● 등　록	제일산-115호(2000. 6. 19)
● 가　격	11,000원

ISBN　　89-534-1709-0　93320 (Paper Book)
　　　　　89-534-0850-4　98320 (e-Book)